Schlösser und Gärten

IN MECKLENBURG-VORPOMMERN

RÜGEN
Hiddensee
Spyker
Sassnitz
Boldevitz
Ralswiek
BERGEN
Hohendorf
Putbus
Granitz
Mecklenburger Bucht
STRALSUND
Saaler Bodden
Schlemmin
RIBNITZ-DAMGARTEN
Greifswalder Bodden
Gelbensande
USEDOM
Wichmannsdorf
BAD DOBERAN
ROSTOCK
Griebenow
Büttelkow
Glashagen
GREIFSWALD
Pommersche Bucht
Wismarbucht
Lehnenhof
Hohen Luckow
Kalkhorst
Poel
Bothmer
Rosenhagen
Recknitz
Trebel
Dassow/Lütgenhof
WISMAR
Laage
Prebberede
DEMMIN
Kartlow
Rossewitz
Peene
GREVESMÜHLEN
Bützow
Dargun
Neetzow
Tollense
GÜSTROW
TETEROW
Kummerower See
ANKLAM
Oderhaff
Warnow
Wiligrad
Hasenwinkel
Schönfeld
Remplin
Gützkow
UECKERMÜNDE
Schweriner See
Bülow
MALCHIN
Tützpatz
Gadebusch
Burg Schlitz
Ivenack
Bellin
Schorssow
REUTERSTADT STAVENHAGEN
ALTENTREPTOW
SCHWERIN
Basedow
Uecker
Blücherhof
Ulrichshusen
Kittendorf
Bredenfelde
NEUBRANDENBURG
Varchentin
WAREN
PASEWALK
Lehsen
Groß Plasten
Burg Stargard
MALCHOW
Klink
PARCHIM
Göhren-Lebbin
Speck
Plath
BOIZENBURG
PLAU
Hohenzieritz
Plauer See
Müritz
Neustadt-Glewe
NEUSTRELITZ
Randow
LUDWIGSLUST
Ludorf
Mirow
Elde
Karte nicht maßstabsgerecht

EDITION KULTURLANDSCHAFT MECKLENBURG-VORPOMMERN

Schlösser und Gärten

IN MECKLENBURG-VORPOMMERN

JOACHIM SKERL
THOMAS GRUNDNER

HINSTORFF

ABB. 1: SCHLOSS ROSSEWITZ; UM 1930

Im Gegensatz zu den »symmetrischen« Gärten der Architekten beschreibt Hirschfeld die »natürlichen«, die ihre Anregungen von der Malerei, vorrangig der Landschaftsmalerei, erhalten. Wesensverwandt mit dieser gestaltet der Landschaftsgärtner einen idealen Naturraum, den »malerischen« Garten.

Diesem neuen Ideal galt Hirschfelds Interesse. »Wenn wir das Wesen der alten Manier in der Symmetrie setzen, so wird man wohl schon so weit aufgeklärt seyn, um überhaupt zu wissen, daß herrschende Symmetrie in Gärten gegen die Anleitung der Natur und gegen das Gesetz der Mannigfaltigkeit ist.«[5]

Gegen Ende des 18. Jahrhunderts verstärkte sich die Rückbesinnung auf die Antike und damit auf das »Natürliche«. Natur wurde zum Schöpfungsgleichnis. Das Zeitalter der Empfindsamkeit hob den Widerspruch zwischen dem Garten und der ihn umgebenden Landschaft auf.

Die natürliche Landschaft ist nun der Garten Eden, in ihr verdichten sich die Motive; das Ineinanderfließen der von Baumgruppen gebildeten und von Hügeln modellierten Räume und die spiegelnden Wasserflächen. Nur noch Korrekturen und Ergänzungen sind erforderlich, um den Landschaftsgarten als ein wiedergefundenes Paradies oder ein Arkadien zu erleben. Das Schloß wird nicht durch den axialgeometrischen Plan, sondern durch wechselnde und oft überraschende Sichtbeziehungen zu einem Mittelpunkt der Anlage. Von den Terrassen, so sie überhaupt noch vorhanden sind, führt der Blick auf von Baumgruppen gegliederte Rasen- und Wasserflächen.

In Mecklenburg-Vorpommern waren die Voraussetzungen, die neue Gartenkunst umzusetzen, äußerst günstig. Während etwa Fürst Pückler seinen Park im brandenburgischen Branitz in eine ursprünglich wenig spektakuläre, eher eintönige Umgebung setzte, er Landschaft im Grunde neu erfinden mußte, war es beispielsweise in der Mecklenburgischen Schweiz oder in Putbus vergleichsweise leicht, eine ohnehin bereits schöne Natur durch menschliches Zutun zu vervollkommnen – und damit einer Forderung Hirschfelds zu entsprechen: »Die schöne Gartenkunst kann kein anderes Geschäfte haben, als den natürlichen Charakteren der Gegenden nachzuhelfen, um ihre Wirkung gewisser und eindringlicher zu machen.«[6]

Der ideale malerische Park nimmt diese Motive der Landschaft auf und führt sie in einer raumkünstlerischen Verdichtung zusammen. Erst dadurch wird er zum Kunstwerk. Nochmals Hirschfeld: »Ein Garten ist nicht bloß wegen der Gegend da; bey der gehörigen Anlage ist er ein Werk, das seinen eigenen Umkreis beschreibt, und darin seinen eigenen Charakter und seinen eigenen Werth erhält.«[7]

Das Primat der Architektur

Von den zahlreichen Burgen und Befestigungen in Mecklenburg-Vorpommern sind teilweise noch Reste oder vereinzelt gar geschlossene Anlagen vorhanden – so in Stargard und Neustadt-Glewe. Ihr heutiges Aussehen widerspricht allerdings dem ursprünglichen Zweck. Romantisch wirken sie häufig, harmonisch eingebunden in die Landschaft. Und lassen somit kaum etwas von ihrem einstigen, rein pragmatischen, der Verteidigung dienenden Charakter erahnen.

Der Übergang von der Burg zum Schloß vollzog sich in Mecklenburg-Vorpommern im 15. und 16. Jahrhundert. Befestigungen schienen zu dieser Zeit nicht mehr notwendig zu sein und waren beim Stand der Waffentechnik auch nicht mehr sinnvoll. Die bisherige Abgeschlossenheit in einem eng begrenzten Raum konnte nun zugunsten einer Öffnung und Verbindung mit der umgebenden Landschaft aufgegeben werden. Wehrhafte Burgen wurden umgebaut, neue Wohnsitze angelegt. Erstmals entstanden Schlösser.

Die Renaissance kann als Zeitalter der »Offenheit« bezeichnet werden. Neue Bauaufgaben erforderten neue Bauformen, die man aus der römischen Antike ableitete. So stammen die Vorbilder für die mecklenburgische Renaissance auch aus Oberitalien und den Niederlanden.

Unter der Regentschaft Herzog Johann Albrechts I. wurden zwischen 1547 und 1576 die Residenzen Wismar, Schwerin, Gadebusch und Bützow mit prachtvollen Schloßbauten ausgestattet. Die durchgängigen Gestaltungsmittel, von den kubischen, stark horizontal gegliederten Baukörpern mit ihren segmentbogenbesetzten Staffelgiebeln bis zu den Terrakotta-Ornamenten der Tür- und Fensterfassungen, den Lisenen und Friesen, haben einen eigenen Stil geprägt. »In der Tatsache, daß eigens für die Fürstenhöfe des 16. Jahrhunderts, die ›Johann-Albrecht-Bauten‹, ein neuer stilgeschichtlicher Terminus kreiert werden mußte, zeigt sich [...] ihre Einzigartigkeit und auch ihre Eigenständigkeit innerhalb der norddeutschen Kulturlandschaft.«[8] Von der Pracht der Gebäude aus der Zeit Johann Albrechts zeugen heute noch der mehrmals veränderte Fürstenhof in Wismar und Teile des Schlosses in Gadebusch. Reste des Schweriner Schlosses sind in den Neubau des 19. Jahrhunderts eingegangen, während Bützow stark beschädigt wurde.

ABB. 31
ABB. 24, 76

ABB. 2: SCHLOSS ULRICHSHUSEN; UM 1860

Kein fürstliches, sondern ein gräfliches Schloß dieser Zeit hat fast unbeschadet Kriege, Verwüstungen und Brände überstanden und zeigt sich heute wieder mit wenigen Veränderungen in seiner früheren Schönheit: ULRICHSHUSEN. Auf einem Burghügel wurde es 1562 errichtet. Dem dreigeschossigen Baukörper mit hohem Satteldach und für die mecklenburgische Renaissance typischen Stufengiebeln ist ein runder Treppenturm angefügt. Wie ein kleiner Begleiter wirkt das in gleichen Bauformen ausgeführte Torhaus und bildet damit einen maßstäblichen Kontrast. Noch heute umgibt ein Wasserlauf das Gelände, das zum See hin abfällt. Der ursprüngliche Garten konnte nicht wieder hergestellt werden, so daß nun das Schloß die freie Landschaft bekrönt. ABB. 27, 28, 32, 33

In GÜSTROW, der ehemaligen Residenz des Teilherzogtums Mecklenburg-Güstrow, entstand im 16. Jahrhundert eine der bedeutendsten Schloßanlagen Norddeutschlands. Nach dem Brand der alten Burganlage 1557 begann man mit dem imposanten Neubau in der für die Renaissance typischen Kastellform. Von 1558 bis 1566 wurde von Franziskus Parr der Süd- und Westflügel errichtet, 1587 bis 1588 folgte der Nordflügel von Philipp Brandin. Mit der Fertigstellung des Ostflügels durch Claus Midow war 1594 der Innenhof umschlossen. Beendet wurden die Arbeiten aber erst 1671 mit dem Torhaus vor dem Westflügel von Charles Philippe Dieussart. Ein Bau war entstanden, dessen Türmchen, oktogonalen Eckausbildungen und plastischen Wandgliederungen noch heute an Loire-Schlösser erinnern. TITEL, ABB. 36; ABB. 3

Während des Dreißigjährigen Krieges diente das Schloß als Residenz Wallensteins. In dieser Zeit wurde auch der Garten angelegt, der nach einem Merian-Stich von

ABB. 4:
SCHLOSS SPYKER;
HISTORISCHE
DARSTELLUNG

ABB. 5, S. 15:
INNENHOF DES
SCHLOSSES
IN DARGUN
VOR SEINER
ZERSTÖRUNG 1945

durch seine ausgewogene horizontale und vertikale Gliederung eine überzeugende Proportionalität. Auffallend ist das Spannungsverhältnis, das der nicht ganz axial angeordnete Treppenturm erzeugt – ein Motiv, das sich in der europäischen Spätrenaissance häufig findet. Qualitätvolle Giebelausbildungen und Profilfassungen der Stichbogenfenster im zweiten und dritten Geschoß vervollständigen diesen Eindruck.
Die rotbraune Rötelfärbung, die der ursprünglichen farbigen Gestaltung des Bauwerks entspricht, setzt dieses in lebendigen Kontrast zur üppigen Vegetation der Landschaft. Nicht mehr vorhanden ist der architektonische Garten, der sich einst unmittelbar an das Gebäude anschloß.

Nur wenige Bauten wurden in der zweiten Hälfte des 17. und zu Beginn des 18. Jahrhunderts ausgeführt. Dennoch ist dieses Wenige sehr qualitätvoll. Es stammt überwiegend von Charles Philipp Dieussart, einem französischen Hugenotten, der sein Land verlassen mußte, über Holland und Hamburg nach Mecklenburg kam und 1657 in den Dienst der Güstrower Herzöge trat. Seine erste und bedeutendste Arbeit ist
ABB. 1 das Schloß Rossewitz, ein klar gegliederter kubischer Bau im Stile des holländischen Palladianismus. Das lange gut erhaltene Bauwerk war nach 1970 dem Verfall preisgegeben worden und wird nun unter großen Mühen restauriert.
ABB. 34, 35 Nach 1670 führte Dieussart umfangreiche Erweiterungen am Schloss zu DARGUN aus, das in dem um 1620 säkularisierten Kloster Dargun eingerichtet worden war und dessen Geschichte ständige Um- und Ausbauten verzeichnet. Vermutlich stamm-

ABB. 6:
SCHLOSS IVENACK;
UM 1860

ten die Arkaden des Innenhofes von Dieussart. Die Vierflügelanlage brannte im Mai 1945 völlig ab. Mittlerweile wurde der Mittelteil des Westflügels wieder instandgesetzt.

Zwei weitere Barockbauten vom Beginn des 18. Jahrhunderts sind in Mecklenburg zu finden: die Schlösser Hohen Luckow und Ivenack. **HOHEN LUCKOW** bei Satow entstand 1707 bis 1708 als schlichter zweigeschossiger Bau mit vorgezogenem Mittelrisalit, der von einem Giebeldreieck bekrönt ist. Im 19. Jahrhundert wurde die Gartenfassade verändert.

IVENACK weist eine reichere Fassadengliederung auf. Der mittlere Teil wurde auf einem Klostergebäude im 16. Jahrhundert errichtet und 1709 erweitert. Die Seitenflügel kamen 1810 hinzu.

Erbstreitigkeiten führten am Beginn des 18. Jahrhunderts zur Teilung des Landes in die Herzogtümer Mecklenburg-Schwerin und Mecklenburg-Strelitz. Für die Strelitzer Linie wurde nun ein repräsentatives Residenzschloß erforderlich. Gleichzeitig mit dessen Bau ab 1726 wurde auch eine neue Stadt, **NEUSTRELITZ**, angelegt. Die systematische Planung von Schloß und Nebengebäuden, dem Park und der Stadt führte zu einer geschlossenen städtebaulichen Leistung des Barock. Das Schloß wurde allerdings nicht, wie etwa in Karlsruhe, zum Zentrum der Gesamtanlage. Die Stadt erhielt mit dem Marktplatz und der Kirche einen eigenen Bezugspunkt, auf den die Straßen sternförmig zulaufen.

ABB. 7:
SCHLOSS NEUSTRELITZ VOR SEINER UMGESTALTUNG
1862

Zwischen 1726 und 1731 hatte man ein kleines Jagdhaus zum neuen Schloß ausgebaut. Ab 1755 vergrößerte man dieses nochmals. Architekt war Christoph Julius Löwe, der sich gleichzeitig auch um die Anlage des Parks kümmerte.
Schloß und Park erhielten von der Stadt losgelöst eine eigene, axiale Ausrichtung zum Zierker See. Der große Ehrenhof, der Cour d'honneur, unverzichtbar seit Versailles, wurde von der Dreiflügelanlage des Schlosses und zwei etwas zurückgesetzten Verwaltungsgebäuden eingefaßt. Die Parkseite war zurückhaltender gestaltet. Ein Mittelrisalit bestimmte die Hauptachse. Über drei Terrassen fiel das Gelände zu einem großen Broderie-Paterre beidseits der Allee ab. Auch die an die Terrassen anschließende Orangerie erhielt noch einen kleinen Platzraum. ABB. 49
Obwohl der Schloßbau beim Besuch Nugents noch nicht vollständig abgeschlossen war, ist der Reisende von der Anlage begeistert: »Das schönste Gebäude ist indessen der prächtige im Jahre 1726 erbaute Palast [...]. Es steht auf einem angenehmen etwas erhabenen und trockenen Boden, vorne ist ein Tiergarten und hinten ein großer Garten an einem schönen See. Es ist viereckig, größtenteils massiv, drei Stockwerke hoch und durchgehend zierlich und hell.« Auch den Reiz des Barockparks hat Nugent festgehalten: »Von der hinteren Seite des Schlosses steigt man auf einer bequemen Treppe in den Garten, wo sich dem Auge sogleich eine der reizendsten Landschaften darbietet. Man tritt nun sogleich auf ein schönes Paterre, woran eine doppelte Reihe von Bäumen stößt, die eine große Allee formieren. Diese Allee führt zu einer freien Terrasse, die dicht an einem großen See liegt, und nach der Wasserseite eine allmählichen Böschung hat; grad über dem See liegt ein angenehmes Dörfchen und ganz im

Hintergrund ist ein großer Wald. Auf beiden Seiten dieser Hauptallee sind große und andere kleine Alleen, die zum Teil Irrgänge formieren, in den großen Alleen selbst sind auch allerlei antike Statuen. Rechterhand des Gartens ist die Orangerie und linkerhand der Küchengarten.«[11]

Der Park, den Nugent beschreibt, war nach dem Besuch Herzog Adolf Friedrichs IV. in Versailles zwischen 1750 und 1755 umgestaltet worden. Die romantischen Strömungen des beginnenden 19. Jahrhunderts veränderten die Anlage. Der südliche Teil wurde 1820 zu einem englischen Landschaftspark. Der großzügige Gesamtplan allerdings, den einer der berühmtesten Gartenschöpfer, Peter Joseph Lenné, 1852 für Neustrelitz entwickelt hatte, konnte nur in Teilen umgesetzt werden. So gab man zwar das Broderie-Paterre auf, die Hauptachse jedoch blieb erhalten und führte nun
ABB. 50 auf den 1840 von Friedrich Wilhelm Buttel entworfenen kleinen Rundtempel der Hebe. Die Plastik der Jugendgöttin ist eine Kopie der Arbeit Canovas aus der Berliner Nationalgalerie. Ebenfalls unter Leitung Buttels, wohl auf Anregungen Karl Friedrich Schinkels zurückgehend, wurde die Orangerie umgestaltet. Buttel hatte an der Berliner Bauakademie unter Schinkel seine Ausbildung als Architekt erhalten und war 1820 auf Empfehlung seines Lehrers an den Hof von Neustrelitz gekommen. Er sollte das Land durch eine Vielzahl von zumeist neogotischen sakralen und profanen Backsteinbauten prägen, die heute noch den Eindruck einer idealen Landschaft vermitteln.

Als letzte wesentliche Architektur entstand im westlichen Teil des Landschaftsparks 1891 der Luisentempel in Erinnerung an die 1810 in Hohenzieritz verstorbene preußische Königin.

ABB. 49 Heute ist nur die Orangerie als nunmehr größter architektonischer Bezugpunkt erhalten. Der Verlust des Schlosses nach dem Zweiten Weltkrieg, obwohl schon aufgrund der Umgestaltungen 1862 durch Friedrich August Stüler und nochmals wesentlich 1905 durch Geyer in seiner ursprünglichen klaren Orientierung auf den Park beeinträchtigt, hat dazu geführt, daß die Landschaftsräume ihrer Gestaltungsidee beraubt sind, der Anlage ihr Zentrum genommen ist.

Noch zwei Landschlösser wurden für die Strelitzer Herzöge erbaut. In der mecklenburgischen Seenlandschaft liegt auf einer Halbinsel das kleine Barockschloß **MIROW**. Nach dem Brand des ursprünglichen Fachwerkbaus wurde es 1758 ebenfalls von Christoph Julius Löwe auf den Grundmauern der älteren Anlage errichtet. Der H-förmige Grundriß ist typisch für diese Zeit. Der Mittelflügel mit betontem Risalit hat zwei, die Seitenflügel haben drei Geschosse. Der einst barocke Garten ist heute ein Landschaftspark, der den angrenzenden See mit einbezieht; eine Brücke führt auf eine kleine Insel.

In **HOHENZIERITZ** nördlich Neustrelitz wurde, ebenfalls auf einer älteren Schloßanlage, 1790 zwar ein frühklassizistischer Bau errichtet. Mit seinen zwei Geschossen, einem kräftigen Traufgesims und einem hohen Walmdach, dem breiten, flach vorgezogenen Mittelrisalit, der durch einen Dreiecksgiebel aus der Fassade herausgehoben ist, und der zurückhaltenden Gliederung der Fassade durch Kolossalpilaster steht er jedoch noch in der Tradition mecklenburgischer Barockbauten. **ABB. 45**

Der ab 1771 angelegte Landschaftspark schließt sich an die Schloßanlage an. Das abfallende Gelände verstärkt die Wirkung des offenen Landschaftsraumes. Immer wieder bietet der Park Ausblicke in die weite Tollense-Landschaft.

In Hohenzieritz wuchs die spätere preußische Königin Luise, Tochter Herzog Karls, auf. Bei einem Besuch verstarb sie hier im Alter von 34 Jahren. Fontane notiert dazu in den WANDERUNGEN DURCH DIE MARK BRANDENBURG: »Am 19. Juli 1810, neun Uhr früh, war die Königin zu Hohenzieritz gestorben. Die Leiche verblieb daselbst noch sechs Tage. Am 24. wurde sie in Silberstoff gekleidet und in einem schwarz drapierten Zimmer in Parade ausgestellt.«[12] Im Andenken daran ließ man 1812 auf Luises Lieblingsplatz im Park einen kleinen Rundtempel errichten, ein schönes Beispiel des von Berlin geprägten Klassizismus. **ABB. 44** Sein Architekt, Christian Philipp Wolff, hatte nach einer bereits begonnenen Tätigkeit in Neustrelitz noch einmal bei David Gilly studiert und war 1809 als Baumeister an den Hof zurückgekehrt.

Mit der 1758 unter Friedrich dem Frommen begonnenen Verlegung der Residenz von Schwerin nach **LUDWIGSLUST** (bis 1754 Klenow) ergab sich wiederum die Aufgabe, ein repräsentatives Schloß mit einer Residenzstadt zu planen, ohne an vorgefundene Bedingungen gebunden zu sein. Das noch vorhandene Jagdschloß, 1731 von Johann Friedrich Künnecke in Fachwerkbauweise errichtet und 1752 von Jean Laurent Legeay umgebaut, erwies sich für die neuen repräsentativen Bedürfnisse als ungeeignet. Die Lage bot jede Freiheit für eine großzügige städtebauliche Anlage und Parkgestaltung. Noch einmal entstand in Mecklenburg eine durchgeplante barocke Stadt. Der zuständige Hofbaumeister Johann Joachim Busch verfügte dabei über das Vokabular barocker Architektur ebenso wie über Kenntnisse des beginnenden Klassizismus. Anregungen bot ihm die von Palladio beeinflußte englische und holländische Architektur des 17. und 18. Jahrhunderts. Im Jahre 1772 wurde mit dem Bau des Schlosses und der Anlage des Parks begonnen. Es entstand ein Ensemble von wahrhaft europäischen Dimensionen.

Das Schloß ist ein sandsteinverkleideter Ziegelbau mit einem Untergeschoß, zwei Hauptgeschossen und einem niedrigen Obergeschoß. **ABB. 8** Eine mit Plastiken geschmückte Attika schließt den Baukörper ab und verdeckt das Dach. Pilaster gliedern die 17 Fensterachsen. Drei davon bilden den höheren Mittelrisalit. Jeweils die Endachse ist

ABB. 8:
SCHLOSS LUDWIGSLUST;
UM 1930

ABB. 46 in der Hauptfassade als flacher Seitenrisalit ausgebildet. Die Parkseite des Schlosses ist bis auf die weiter vorgezogenen Seitenrisalite und den fehlenden Säulenportikus entsprechend ausgeführt. »In Mecklenburg bildet es [das Schloß] in jedem Falle den grandiosen Schlußakkord dessen, was gemeinhin unter Barock zusammengefaßt wird, und leitet in vielerlei Hinsicht bereits zum aufkommenden Klassizismus über.« So Matthias Barth, der zugleich auf den englischen Neo-Palladianismus verweist.[13]

In einer Abfolge differenzierter Räume wird das Schloß zum Bezugspunkt der Stadt- und der Parkanlage. Die ersten Ideen für die Parkgestaltung hatte Legeay vorgelegt. Die endgültige Planung stammt von Busch.

ABB. 48 Vom Schloßplatz nach Süden führen die axial verlaufenden Fluchten zur Schloßkirche. Sie gehört mit ihrer Säulenfassade zu den frühesten Bauten des Klassizismus in Norddeutschland. Der quadratische Platz vor der Kirche wird von niedrigen Wohnbauten eingefaßt. Nach einer Verengung schließt sich ein ovaler Platz an, der sich in großen Kaskaden zum Schloßplatz öffnet. Doppelseitige Lindenalleen betonen sowohl Quadrat als auch Oval. Die Achse wird im Park mit einer Lindenallee weitergeführt. In einem spitzen Winkel mündet die Hauptstraße der Stadt auf den Schloßplatz. Selten sind in der barocken Stadtplanung so vielfältige Raumformen geschaffen worden.

ABB. 46, 47 Mit 135 Hektar Größe ist der sich nordwestlich anschließende Park der ausgedehnteste in Mecklenburg-Vorpommern. Er entstand zwischen 1750 und 1790. Dem Schloß war ein Rasenpaterre vorgelagert, ehemals von zwei Fontänen zum Park abgegrenzt. Erhalten geblieben ist die über einen Kilometer lange Lindenallee, die in den Waldpark führt, der durch weitere Achsen und Wege erschlossen und von großen Wiesenflächen gegliedert ist. In etwa drei Kilometer Entfernung vom Schloß treffen sich 14 Alleen sternförmig, dieser Teil des Parks ist allerdings erst später – wenn auch im Sinne barocker Anlagen – angelegt worden.

Als Nugent 1766 Ludwigslust besuchte, bestand der ansehnliche Barockpark bereits: »Hinter dem Schlosse [noch das alte Jagdschloß] ist der eigentliche Garten 269 Schritte lang, in der Breite erstreckt er sich bis zum Park. Er ist rundherum mit Palisaden und rechts und links mit einer Mauer eingeschlossen. Rechts ist der Küchengarten und links geht man in den Park. In diesem Garten sind zwei Bassins mit figuriert gehauenen Steinen eingefaßt und in jedem Bassin ist ein Springbrunnen. Auch sind hier vier schöne Statuen von Stein, Musik und Malerei vorstellend. Längs jeder Mauer sind hohe schattige Alleen, und im Garten selbst machen eine Menge Irrgänge, Grotten und Terrassen die bezauberndste Mannigfaltigkeit. Der Küchengarten ist rechterhand ungefähr von eben der Größe als der andere, mitten im Garten ist ein vortrefflicher Teich, über welchem eine prächtige Brücke führt.« Dieser von Nugent beschriebene Garten ist nicht mehr vorhanden. Geblieben ist davon aber »eine überaus lange Allee, die zu beiden Seiten eines Kanals herunter, der wiederum von zwei schönen Kaskaden gebrochen wird, fortgeht«. Geblieben sind auch die von Nugent bewunderten Wasseranlagen des Parks von der großen Kaskade vor dem Schloßplatz ABB. 48
bis zu den Kanälen und Teichen. »Bewundernswürdig ist es, daß vor etwa fünf Jahren ABB. 47
um Ludwigslust kein Tropfen Wasser war.« Nugent schildert die Anstrengungen, das Wasser über einen 28 Kilometer langen Kanal heranzuführen.[14] Erst durch das Wasser, über Kaskaden geführt, in Kanäle und Becken geleitet, in Springbrunnen und Wasserspielen versprüht, erhält der Park seine heiter-festliche Atmosphäre.

Um 1800 flossen immer stärker malerische Elemente in die Parkgestaltung von Ludwigslust ein. Kleinarchitekturen, eine neogotische Kapelle auf einer kleinen Insel, eine künstliche Ruine, zwei Mausoleen sowie Plastiken schaffen in der ausgedehnten Parkanlage Orientierungspunkte, sind Orte des besinnlichen Verweilens. Sie liegen nicht an den Hauptachsen, sondern tauchen immer wieder als überraschende Blickpunkte auf.

Bereits 1837 siedelte der Hof wieder nach Schwerin über. Ludwigslust blieb Sommerresidenz und Jagdaufenthalt. Der Park wurde in den folgenden Jahren von Peter Joseph Lenné grundlegend umgestaltet. Obwohl sich immer wieder barocke und landschaftliche Ideen überschneiden, blieben bis heute die großen Achsen raumbestimmend.

Neben den herzoglichen Residenzen besitzt Mecklenburg-Vorpommern seit dem 17. Jahrhundert eine Vielzahl von beachtenswerten Schlössern und Gutshäusern des Landadels.

Bald nach dem Ende des Dreißigjährigen Krieges begann das sogenannte Bauernlegen, die faktische Enteignung der Landbevölkerung. Ihr Besitz ging an den Landadel, der

ABB. 9:
SCHLOSS BOTHMER
MIT DER
FESTON-ALLEE IM
VORDERGRUND

mehr und mehr zu Macht und Reichtum gelangte. Dadurch veränderte sich die dörfliche Struktur. Aus Bauerndörfern wurden Gutssiedlungen um Schlösser und Gutshäuser samt Parkanlagen. Sie konnten in ihrer Größe und künstlerischen Gestaltung durchaus mit den Residenzen konkurrieren.

ABB. 39 Das Schloß der Grafen **BOTHMER** bei Klütz übertraf sogar noch die herzoglichen Bauten. Ein ganzer Komplex von symmetrisch angeordneten Gebäuden zeigt zum Garten hin eine Front von 200 Metern Länge. Zum Ehrenhof bilden sie eine große U-förmige Anlage. Das zentrale Gebäude ist zweigeschossig und wird von einem Walmdach bedeckt. Von den elf Fensterachsen bilden drei den flachen giebelbekrönten Mittelrisalit. Eine zweiarmige geschwungene Treppe führt zum Eingang. Die Wappenkartusche im Giebeldreieck, die unterbrochene Türbekrönung und die Treppenbalustrade sind der plastische Sandsteinschmuck der roten Ziegelfassade. Die senkrechten Begrenzungen der Gebäudeteile haben einen Verputz im Sinne eines verzahnten Eckmauerwerks. Viertelkreisförmige Galeriebauten verbinden das Kerngebäude mit je drei quadratischen Pavillonbauten. Die Eckpavillons besitzen kleine Türmchen.

Die großzügige Anlage wurde von dem Hannoveraner Baumeister Johann Friedrich Künnecke, der schon für das Jagdschloß in Klenow/Ludwigslust verantwortlich gezeichnet hatte, entworfen. Der Bauherr war preußischer Gesandter in London. Er kannte Blenheim Palace in Oxfordshire, 1715 von John Vanbrugh erbaut. Die Gliederung des Schlosses Bothmer entspricht diesem berühmten Vorbild, auch wenn es wesentlich verkleinert wurde.

ABB. 38, 39
ABB. 41
Von einmaliger Wirkung ist die auf das Schloß zuführende Feston-Allee. Bereits in der Baumschule wurden die Lindenbäumchen gespalten und girlandenartig nach beiden Seiten gebogen. Trotz ihres Alters von rund 200 Jahren hat die Allee immer noch ihren schwingenden Rhythmus bewahrt.

Der Park schließt sich rechteckig an das Schloß an. Doppelreihige Lindenalleen und ein Wassergraben umschließen ihn. Hier ist die barocke Idee erhalten geblieben. **ABB. 40**

Die auf das Schloß **GRIEBENOW** bei Greifswald zuführende doppelreihige Roßkastanien-Allee läßt ebenfalls bis heute die großzügige Einbindung einer barocken Anlage in die Landschaft erkennen. Desgleichen die noch im wesentlichen erhaltene Lindenallee, die vom Rondell vor dem Schloß in den Park führt. Das Schloß selbst wurde zwischen 1702 und 1709 errichtet. Über einem Sockelgeschoß erhebt sich auf zwei Etagen der schlichte Bau, der 13 Achsen aufweist und einen über drei Achsen reichenden Mittelrisaliten mit Giebeldreieck. Das hohe abgewalmte Dach wird von einem kleinen Turm bekrönt, der die Fluchtpunkte der Alleen betont.
Das kleine Schloß **TÜTZPATZ** bei Altentreptow nimmt in seinem Putzschmuck den Ornamentreichtum des Rokoko auf. Mit dem in der Nähe liegenden Schloß Gützkow ist es in Mecklenburg-Vorpommern eine Besonderheit, abgesehen von den wenigen ausgeführten Entwürfen Legays. Tützpatz stammt aus dem Jahre 1778 und wurde nach einem Brand 1908 mit wenigen Veränderungen wieder aufgebaut. Das eingeschossige Gebäude mit hohem, abgewalmtem Mansarddach besitzt 15 Fensterachsen. Drei bilden einen flachen Mittelrisalit, der über zwei Geschosse geführt ist und von einem Segmentgiebel bekrönt wird. Über dem Eingang kragt ein kleiner Altan aus. Zwerchgiebel betonen die einachsigen Seitenrisalite. Alter Baumbestand um eine Wiesenfläche bildet den Park. Auch hier wurde die Barockanlage in einen Landschaftspark umgewandelt.
Ein Beispiel für den Übergang vom Barock zum Klassizismus stellt das zwischen 1772 und 1778 erbaute Schloß **PREBBEREDE** nahe Laage dar. Während in den Innenräumen **ABB. 42**
die verspielten Dekorationsformen des Rokoko vorherrschen, zeigt die Fassade bereits die klare tektonische Gliederung des beginnenden Klassizismus. Von den 11 Achsen des zweigeschossigen Gebäudes werden drei in einem flach vorgezogenen, von einem Giebeldreieck bekrönten Mittelrisalit zusammengefaßt. Kolossalpilaster gliedern die Fassade. Die Ausbildung des hohen Mansarddaches mit Krüppelwalm hingegen steht noch ganz in der Tradition des ländlich geprägten Barock. Die ursprünglich gleichfalls barocke Parkanlage wurde später im englischen Stil umgewandelt.

Bereits 1925 bedauerte Jürgen Brandt das Fehlen der Gärten und Parkanlagen des 18. Jahrhunderts, wobei er den mecklenburgischen Raum im Blick hatte: »Leider ist uns wenig erhalten, da Klima und Mode zu ihrer Zerstörung beitrugen und ihre Erhaltung dem rationellen Sinne der späteren Besitzer wenig entsprach.«[15] Eine Einschätzung, die sicher in Teilen ihre Richtigkeit hat, die jedoch allzu sehr herausragende Anlagen wie etwa die in Ludwigslust übersieht.

Der malerische Garten

Die großen geistigen, wirtschaftlichen und politischen Veränderungen des 18. und 19. Jahrhunderts werden allgemein mit den Begriffen Aufklärung, Empfindsamkeit, Klassik und Romantik bezeichnet, wenn es um ihre Auswirkung auf die Kunst geht. Alle Geistesströmungen bündeln sich in dieser Epoche in einem Gesamtkunstwerk, in dem Landschaft und Architektur, Natur und Kunst verschmelzen: dem Landschaftsgarten. Er wird zur klarsten Manifestation des Zeitgeistes. So vollzieht sich neben der philosophischen, der industriellen und politischen Revolution eine Gartenrevolution. Der sich von den strengen Regeln des Barock lösende Garten wird zum Ausdruck einer geistig philosophischen Wende, zum Idealbild eines naturverbundenen Lebens und zugleich zum Synonym für politische und geistige Freiheit.
Die neue Gartenkunst steht in starkem ästhetischen Kontrast zum barocken Formgefühl. Im barocken Garten wird die gesamte Anlage von der Architektur beherrscht, die perspektivischen Fluchtlinien sind auf das Schloß bezogen, die Vegetation ist gleichsam tektonisiert. Dieses Gestaltungsprinzip des Architektonischen wird nun durch das Malerische abgelöst. Natur und Kunst verschmelzen zu einem »Landschaftsbild«, in dem die Räume ineinanderfließen und überraschende Sichtachsen freigeben, die nicht mehr allein auf ein Zentrum hin ausgerichtet sind.
Mecklenburg-Vorpommern besitzt eine unübersehbare Fülle dieser malerischen Gärten, von den Anlagen der großen Residenzen bis zum Umfeld kleiner Gutshäuser. Viele werden wieder sorgfältig gepflegt und vermitteln bis heute ein Bild elysischer Gefilde. Empfindung und Bedeutung zugleich bestimmen ihre Gestaltung. Ehe einzelne herausragende Beispiele vorgestellt werden, gilt es, die ästhetischen und philosophischen Quellen darzustellen. Dies hilft, den Reiz derartiger Schöpfungen zu erschließen.

ABB. 46 Am Beginn der neuen Gartenkunst in Mecklenburg steht nochmals LUDWIGSLUST. Der barocke Schloßpark wurde beginnend um die Wende vom 18. zum 19. Jahrhundert schrittweise in einen malerischen Garten umgestaltet. Hirschfeld dazu in seiner Beschreibung deutscher Gärten: »Das Schloß gehört, einige Fehler abgerechnet, unstreitig zu den edelsten neuen Gebäuden dieser Art. Die Gartenanlagen kündigen mit ihren Verzierungen Kunst und Aufwand an, aber zugleich noch die Anhänglichkeit an die steife Manier der vorigen Zeit.« Besonders der gerade geführte Kanal findet Kritik. Aber auch Veränderungen werden beachtet: »An eben diesem Ort hat der Prinz Franz, Nachfolger in der Regierung, bey seiner Wohnung einen schönen Garten im verbesserten Geschmack angelegt.«[16] **ABB. 47**

Zweimal, im Februar und August 1796, hatte der mecklenburgische Erbprinz Friedrich Ludwig, Sohn von Friedrich Franz I., das Wörlitzer Gartenreich besucht und dabei in sein Tagebuch notiert: »Mit Recht kann man sagen, daß Wörlitz einzig in seiner Art ist, man muß es gesehen haben, um sich eine idée davon machen zu können.«[17] Zu dieser Zeit war das unter Leopold III. Friedrich Franz in Anhalt-Dessau entwickelte Gartenreich weitgehend vollendet. Wörlitz stellte nicht nur eine der frühesten Anlagen dar, die die englische Gartenkunst auf den europäischen Kontinent holte, sie sollte auch die bedeutendste bleiben. Friedrich Ludwig konnte nicht nur den noch kleinteiligen Neumarks Garten besichtigen, sondern auch die Weiträumigkeit von Schochs Garten mit seinen Architekturzitaten. Das Gotische Haus war 1774 fertiggestellt worden, die Synagoge als Kopie des Vestatempels in Rom 1789, das Pantheon 1795. Flora- und Venustempel entstanden während des Aufenthaltes von Friedrich Ludwig. So kann man annehmen, daß diese Anregungen in Ludwigslust eingeflossen sind.

Auf einer kleinen Insel wurde dort zwischen 1803 und 1809 die bereits erwähnte neogotische Kapelle nach einem Entwurf von Johann Heinrich von Seydewitz und Johann Georg Barca errichtet. Sie ist der erste romantische Sakralbau in Mecklenburg. Von 1804 bis 1806 baute Christian Joseph Lillie das Mausoleum für Helene Pawlowna und Barca wiederum 1809 das für die Herzogin Luise. Obwohl die Entwürfe nicht wie in Wörlitz von der antiken Architektur geprägt wurden, sondern unter dem Einfluß Friedrich Gillys stehen, zeigen sie doch Gemeinsamkeiten. In beiden Fällen ist es der Raumbezug zum Park, der jede zwingende Axialität vermeidet. Aber erst durch Peter Joseph Lenné wurde die Ludwigsluster Anlage unter Beibehaltung der barocken Hauptachsen zu einem Landschaftspark.

Es mag an einer Reihe geistesgeschichtlicher Quellen und den ökonomischen Bedingungen gelegen haben, daß zu Beginn des 18. Jahrhunderts der Protest gegen das Gekünstelte des Barock zu dem neuen Ideal des »natürlichen« Gartens führte. Die Kenntnis chinesischer Gartenkunst, auch wenn sie noch verschwommen war, bestärkte die Entwicklung, ausgelöst wurde sie jedoch durch die Dichtung und die Malerei. So verweist Marie Luise Gothein darauf, daß in »ihren eigentlichen Anfängen« die Bewegung rein geistig war, »um ihre Wiege stehen Dichter, Maler, Philosophen und Ästhetiker. Sie ist das erste Kind eines neu erwachenden Naturgefühls, das sich in bewußten Gegensatz zu Form und Schranke setzt.«[18] John Milton schildert bereits im 17. Jahrhundert im Versepos PARADISE LOST den Garten Eden in schwärmerischen

Naturbeschreibungen, in denen nicht »gesuchte Kunst in Beeten und in Borten«, sondern »die ländlich schöne Mannigfaltigkeit« besungen wird. Die Vergötterung der unberührten Natur findet sich auch bei Anthony Ashley Cooper Shaftesbury, einer Natur, »wo weder Kunst noch Witz noch Laune des Menschen die echte Ordnung verdorben und jenen ursprünglichen Zustand durchbrochen hat«.[19] Joseph Addison publizierte 1712 einen Essay, in dem es heißt: »[...] so schaue ich lieber einen Baum in aller seiner Fülle und in seinem Überfluß von Ästen und Zweigen, als ihre gestutzt und verschnitten in mathematischen Figuren zu sehen«.[20] Alexander Pope wiederum versuchte 1719 in seinem eigenen Garten die »ungeschmückte Natur nachzuahmen«. Ein Zeitgenosse Miltons, Claude Lorrain, malte die ländlichen Idyllen mit Versatzstücken antiker Architektur. In Reproduktionen verbreitet, wurden sie zum direkten Vorbild der Gartengestaltung. So findet sein Gemälde AENEAS AN DER KÜSTE VON DELOS von 1672 (National Gallery London) seine Umsetzung im Park von Stourhead, den sich ab 1744 der Bankier Henry Hoare II. am Schloß seines Vaters anlegte.

Große Gartenarchitekten waren zugleich Landschaftsmaler, wie zum Beispiel William Kent. Mit der ab 1716 begonnenen Umgestaltung der Gärten am Schloß des Viscount Cobham in Stowe wurde von ihm das neue Ideal einer »malerischen« Landschaft genial in die Realität umgesetzt. »Dieses Stowe steht als neuer Entwurf einer sensualistischen Weltsicht dem absolutistischen Weltmodell von Versailles entgegen.«[21] Beiderseits der Schloßachse befinden sich asymmetrische Lichtungen, gewundene Pfade führen zu kleinen palladianischen Tempeln. Die ineinanderfließenden Freiräume eröffnen ständig neue und überraschende Durchblicke. Ein künstlich angelegter Flußlauf schlängelt sich durch die Parklandschaft. Das fließende Wasser oder seine spiegelnde Fläche löst das Bassin und den Springbrunnen ab. Der verfestigten Ordnung der Symmetrie tritt die freie der Ausgewogenheit gegenüber. Eine ganze Generation von Gartenarchitekten sollte diesen Stil fortführen.

Dabei löst sich die Gartengestaltung mehr und mehr von der malerischen Vorlage und wird selbst zum Arrangement einer malerischen Landschaft. Zu Vorbildern der Gartenkunst werden die Anlagen in Blenheim Palace, ab 1764 von Lancelot Brown geschaffen, und Kew Gardens von William Chambers.

Immer wieder wurde in den Gärten die Antike zitiert, sah man doch besonders hier das Lebensideal des Einklangs mit der Natur verwirklicht. Die antike Hirtendichtung war beliebt, und von den Göttern der Griechen wußte man, daß sie die Natur bewohnten. Schiller hat dem Zeitgefühl in seinem Gedicht DIE GÖTTER GRIECHENLANDS in wehmütiger Rückerinnerung Ausdruck verliehen:

»Schöne Welt wo bist du? Kehre wieder
Holdes Blüthenalter der Natur!«

Antikezitate in den Landschaftsgärten sind immer auch Mahnung zu innerer Einkehr. In Frankreich konnte Jean-Jacques Rousseau im Park seines Freundes, des Marquis de Girardin in Ermenonville, ab 1763 seine Ideen eines Lebens in »ursprünglicher Einfachheit, nie im Streben gegen die Natur«, Gestalt werden lassen. In seiner Erzählung LA NOUVELLE HÉLOÏSE führt die Titelheldin ihren einstigen Geliebten Saint-Preux in einen Garten im Zustand unberührter Wildnis. Rousseaus Erziehungsroman ÉMILE wiederum beginnt: »Alles ist gut, wie es aus den Händen des Schöpfers der Dinge hervorgeht; alles verdirbt unter den Händen des Menschen.« Der Held findet seinen Garten nicht in einem von Mauern umgrenzten Park, sondern überall in der freien Landschaft. »Ich nehme meinen Park auf die Schultern und trage ihn anderswohin.«[22]

Von England und von Ermenonville kamen die Anregungen für die eigene Parkgestaltung, gewonnen auf Bildungsreisen, wie die Entstehung des Wörlitzer Parkes zeigt. Noch fehlte es im deutschsprachigen Raum an einer geschlossenen Darstellung der theoretischen Grundsätze, der praktischen Anleitung und der Zusammenfassung bisheriger Leistungen als Voraussetzung für eine anspruchsvolle Verbreitung der neuen Gartenidee. Diese Lücke schloß Christian Cay Lorenz Hirschfeld, Professor der Ästhetik an der Universität Kiel. Als Gärtner war Hirschfeld Autodidakt; um so mehr gelang es ihm, den philosophischen Kern der neuen Gartenkunst darzulegen. In Leipzig erschien zwischen 1779 und 1785 in fünf Bänden seine große Resonanz hervorrufende THEORIE DER GARTENKUNST. Neben der Erörterung theoretischer Fragen enthält sie praktische Hinweise und ausführliche Beschreibungen von Gärten in England wie auch auf dem Kontinent. Kupferstiche von Bauten, hier besonders eine Reihe von Villen Palladios, und vor allem von idealen Landschaften fördern die Anschau- ABB. 10, 11

ABB. 10: IDEALE LANDSCHAFT, KUPFERSTICH VON JOHANN HEINRICH BRANDT AUS HIRSCHFELDS THEORIE DER GARTENKUNST

lichkeit und werden wesentlich den Anwendungscharakter des umfangreichen Werkes unterstützt haben.

In der »Untersuchung des alten und des neuen Geschmacks in den Gärten«[23] wird der Barockgarten, »der die Natur gerade da verdrängte, wo sie vorzüglich ihren reizenden Wohnsitz haben sollte«, mit geradezu verächtlichem Urteil beschrieben. Er ermüde »durch die unerträglichste Art von Symmetrie und alberner Künsteley«.[24] Die Regelmäßigkeit stumpfe nicht nur ab, sondern errege zuletzt sogar Ekel.[25] Symmetrie stehe gegen die Anweisungen der Natur und gegen das Gesetz der Mannigfaltigkeit. Gartenkunst sei nichts anderes gewesen »als Architektur auf die Erdfläche angewandt«.[26]

Gegen den architektonischen Garten setzt Hirschfeld, wie anfangs bereits beschrieben, den »malerischen«: »So ist unter allen übrigen schönen Künsten unstreitig keine mehr mit der Gartenkunst verwandt, als die Malerey, und besonders die Landschaftsmalerey.«[27] Und: »Der Gartenkünstler arbeitet am glücklichsten, wenn er fast überall das Gegenteil von dem thut, was der Baumeister beachtet.« – »Auch hat er ein ganz anderes Vorbild als der Architekt, das Vorbild der Natur in ihren schönsten Gegenden, das ihm zur Anleitung dient. Die Natur ordnet alle Gegenstände in der Landschaft mit Freyheit und Ungezwungenheit. Keine symmetrische Gleichheit, keine künstliche Abzirkelung, keine Einförmigkeit im Umfang, in Gestalt und Bildung der Tiefen, Anhöhen und Ebenen, der Pflanzen, Blumen, Stauden und Wälder, der Bäche, Flüsse und Seen. Alles scheint in einer ganz freyen Anordnung, mit der größten Abwechslung, mit einer Art von angenehmer Nachlässigkeit und Zerstreuung, die mehr werth ist, als die sorgfältigste Genauigkeit. Dieses Vorbild stellt die Natur dem Gartenkünstler zur Nachahmung.«[28] Hirschfeld beschwört die Bilder der Landschaftsmaler, wenn sie – um auf die menschliche Seele zu wirken – jene Stimmungen des wechselnden Lichts und der Farben und des räumlichen Ineinanderfließens vermitteln, die er auch dem Garten zuordnet. Um die unendliche Mannigfaltigkeit der Natur zu erfassen, muß auch der Gartenkünstler mit dem Auge des Landschaftsmalers beobachten. »Keine der nachahmenden Künste ist in die Natur selbst mehr verwebt, oder gleichsam mehr Natur, als die Kunst der Gärten.«

Das erklärt die Begeisterung für Gartenanlagen in einer Zeit schwärmerischer Naturverehrung, in der die Kunst allgemein als ein »thätiges Band zwischen der Seele und der Natur« angesehen wurde, wie es Friedrich Wilhelm Joseph Schelling ausdrückte. Aus der Tiefe der Natur entfaltet sich die innere Unendlichkeit und Fülle der Kunst. »Diese geistige Zeugungskraft kann keine Lehre oder Anweisung erschaffen, sie ist das reine Geschenk der Natur, welche hier zum zweytenmale sich schließt, indem sie, ganz sich verwirklichend, ihre Schöpfungskraft in das Geschöpf legt.«[29]

Hegel greift in der ÄSTHETIK die Unterscheidung Hirschfelds in das Malerische und

ABB. 11: IDEALE LANDSCHAFT MIT RUNDTEMPELN, KUPFERSTICH VON JOHANN HEINRICH BRANDT

Architektonische auf und gibt gleichfalls dem Malerischen den Vorzug. »Die Parkanlage nämlich ist nicht eigentlich architektonisch, kein Bauen mit freien Naturgegenständen, sondern ein Malen, das die Gegenstände in ihrer Natürlichkeit beläßt und die große freie Natur nachzubilden strebt – indem die wechselnde Andeutung an alles, was in einer Landschaft erfreut, an Felsen und deren großen Massen, an Täler, Waldungen, Wiesen, Gras, schlängelnde Bäche, an breite Ströme mit belebten Ufern, stille Seen, umkränzt mit Bäumen, an rauschende Wasserfälle und was dergleichen mehr ist, in einem Ganzen zusammengedrängt erscheint.«[30] Das »Zusammendrängen« der Landschaftsmotive im Garten und nicht ihre bloße Auswahl ist die gestalterische Leistung des Gartenkünstlers.

Auch Hirschfeld sieht in den Gegenständen der Gärten »zunächst keine anderen, als Gegenstände der schönen ländlichen Natur selbst«. Der Gartenkünstler aber muß sie nicht nur sammeln und auswählen, sondern ihnen solche »Ausbildung« geben und sie in solche »Verbindung und Anordnung« bringen, daß dadurch ihr Eindruck verstärkt werde. Es klingt wie eine gültige Definition der malerischen Gartenkunst, wenn Hirschfeld schreibt: »Kunst bedeutet hier, dasjenige, was die Natur Angenehmes und Interessantes hat, auf eben die Art, durch eben die Mittel, deren sie sich bedient, vereinigen, und die Schönheit, die sie in ihren Landschaften verstreut, auf einen Platz sammeln zu wissen; ein neues Ganzes, dem weder Harmonie noch Einheit fehlt, hervorzubringen; durch Verbindung und Anordnung zu schaffen, und doch nicht von der Natur abzuweichen; durch Bepflanzung, durch Ausbildung, durch Stellung, durch Contrast die Charaktere natürlicher Gegenden zu verstärken und die Wirkungen zu vervielfältigen; durch harmonische Vereinigung mit Gegenständen, die der Kunst gehören, die Eindrücke der Natur zu erhöhen.«[31]

Die Gefahr, statt wirklicher Gartenkunst nur eine Lichtung mit ein paar Baumgruppen anzulegen, muß wohl von Beginn an sehr groß gewesen sein und veranlaßt Hegel zu der Feststellung: »Es gibt in dieser Rücksicht zum größten Teil nichts Abgeschmackteres als solche überall sichtbare Absichtlichkeit des Absichtslosen, solchen Zwang des Ungezwungenen.«[32]

Die neue Gartenkunst wäre nur zur Hälfte erklärt, würden allein ihre formal-ästhetischen Aspekte betrachtet werden. Gärten sind Stätten der Erbauung der Seele und Gleichnisse von Werden und Vergehen, ein »Tempel der Anbetung der höchsten Weisheit«. »In der That«, so Hirschfeld, »ist ein Garten nicht bloß bestimmt, ein Aufenthalt des Vergnügens zu seyn, obgleich die Gartenkunst zuerst von diesem Vergnügen ausgeht. Er soll die Wohnung der Erquickung nach dem Kummer, der Ruhe aller Leidenschaften, der Erholung von der Mühe, der heitersten Beschäftigung des Menschen seyn. Er soll die Lieblingsscene der Betrachtung der Natur seyn, der Zufluchtsort der Philosophie, der Tempel der Anbetung der höchsten Weisheit.«[33] Für Hirschfeld wird Gartenkunst zur Philosophie, indem sie über die Verstärkung der Eindrücke eine »innere wahre Aufheiterung der Seele, Bereicherung der Phantasie, Erweiterung des Bezirks für Geschmack und Kunst« erzielt. Und schließlich kann der menschliche Schöpfungsgeist wirksam werden zur »Verschönerung einer Erde, die auf eine Zeit unsere Wohnung ist«.

Bei der wachsenden Anziehung, die heute Parks ausüben, und angesichts der Anlage neuer Gärten zu den Landes- und Bundesgartenschauen möchte man Hirschfelds Vision von der menschenveredelnden Kraft der Gartenkunst bestätigen. Wie weit seine THEORIE DER GARTENKUNST im einzelnen bei der Gestaltung der Vielzahl malerischer Parkanlagen in Mecklenburg-Vorpommern Pate gestanden hat, ist nicht mehr zu ermitteln. Den Geist der Epoche hat sie jedoch entscheidend mitgeprägt. Das gilt ebenso für die über 50 Jahre später erschienenen ANDEUTUNGEN ÜBER LANDSCHAFTSGÄRTNEREI des Fürsten Pückler.
Spätere Generationen haben die Ausschließlichkeit und Rigorosität der Bewertung des malerischen und des architektonischen Gartens aufgegeben und eine Synthese beider Gestaltungsarten gesucht. Schon Lenné benutzte wieder das Motiv der Achse zur Gliederung großer Parkanlagen und kleiner innerstädtischer Plätze. Fritz Schumacher faßte in überzeugender Weise barocke und landschaftliche Parkteile in seinem Entwurf für den Stadtpark Hamburg-Winterhude zusammen. In Mecklenburg schließlich können die später zu beschreibenden Schloßgärten Paul Korffs zu diesen »Synthesen« gezählt werden.

Antikerezeptionen

Vergleichbar mit anderen Regionen Mittel- und Nordeuropas wurde die Architektur Mecklenburg-Vorpommerns gegen Ende des 18. und in den ersten Jahrzehnten des 19. Jahrhunderts verstärkt von Vorbildern der griechischen und römischen Antike geprägt. Die Idealisierung antiken Geisteslebens und antiker Kunst führte nicht nur zur Übernahme bestimmter Architekturformen, sondern wurde als Versuch der Harmonisierung aller Lebensbereiche zu einem übergreifenden Gestaltungsprinzip, das Johann Joachim Winckelmann mit »edler Einfalt und stiller Größe« bezeichnete, gewertet.

Bereits im 16. Jahrhundert hatte Andrea Palladio Elemente der klassischen Tempelarchitektur auf Landvillen übertragen, indem er einem blockhaften, meist zweigeschossigen Baukörper mit Sockel und flachem Dachabschluß die Struktur einer antiken Tempelfront vorblendete. Am Portikus wurden Vollsäulen verwendet, meist über zwei Geschosse geführt, an Risaliten Halbsäulen oder Pilaster. Eine ruhige, würdevolle Monumentalität zeichnete das Gebäude in seiner landschaftlichen Umgebung aus.

Im 17. Jahrhundert nahm vor allem England die Erfahrungen Palladios bezüglich der Verbindung von antiker Form und moderner Nutzung auf. Die Bauten von Inigo Jones lösten den spätgotischen Tudorstil ab. Verbunden mit den Antikeadaptionen in Frankreich und Holland entstand ein »Palladianismus«, der in den Klassizismus des 18. und 19. Jahrhunderts überleitete. Die Klarheit der Formsprache und eine gewisse Allgemeingültigkeit des Schönen durch die Berechenbarkeit der Proportionen hatten eine Architektur von beeindruckender Schlichtheit geschaffen.

Mit einer Reihe von Schlössern und Herrenhäusern sind dafür in Mecklenburg-Vorpommern überzeugende Beispiele erhalten geblieben.

Christian Joseph Lillie schuf in Lehsen und Schönfeld Schloßbauten, die zu den klarsten Leistungen eines von Palladio geprägten Klassizismus in Mecklenburg zählen. 1760 geboren, studierte er an der Kopenhagener Akademie bei Caspar Fredrik Harsdorff. Harsdorff, selbst Schüler der 1754 gegründeten Akademie, wurde nach einem Reisestipendium, das ihn über Paris nach Italien führte, zum Begründer des dänischen Neo-Palladianismus.

Die erstmals 1570 in Venedig veröffentlichten QUATTRO LIBRI DELL'ARCHITETTURA Palladios lieferten nachfolgenden Architektengenerationen die Vorbilder für die Übertragung antiker Tempelarchitektur auf die Bedürfnisse zeitgenössischer Nutzung. Sie waren aber noch mehr wegen ihrer Systematik eine gute Grundlage für eine Lehrmethode an den Akademien. Hier konnte das praktisch vermittelt werden, was Hegel in der Klassik als vorbildlich ansah, eine Architektur, »die ihren Zweck klar durch alle ihre Formen hindurchscheinen läßt und in der Musik ihrer Verhältnisse das bloß Zweckmäßige zur Schönheit heraufgestaltet«.[34]

Lillie kam 1798 nach Lübeck und wurde dort 1813 Stadtbaudirektor. Sein erster Auftrag in Mecklenburg war das Mausoleum der Erbprinzessin Helene Paulowna in Ludwigslust 1804 bis 1806, einbezogen in jenen Parkteil, der als Landschaftsgarten umgestaltet wurde. Die Hauptansicht der kleinen Kapelle zeigt scheinbar ein Quadrat, von einem flachen Dreiecksgiebel bekrönt. Eine Freitreppe führt zu einem Säulenportikus, ebenfalls von einem Giebeldreieck mit gleichen Winkelmaßen zusammengefaßt.

An Schloß LEHSEN bei Wittenburg steht über dem Portal die Jahreszahl 1822 und der Wahlspruch »Musis et Amicis« (den Musen und den Freunden) – ganz im Sinne der Ideale der Klassik ist der Ort als einer schöngeistiger Begegnung bezeichnet. Dem entspricht die Ausgewogenheit des Gebäudes, dessen Proportionen dem Goldenen Schnitt folgen. Neun Fensterachsen gliedern die zweigeschossige Fassade. Die drei mittleren mit dem Eingang sind in eine flache Nische gesetzt. Vier toskanische Säulen mit Architrav, Triglyphenfries und flachem Dreiecksgiebel bilden den Portikus.

ABB. 12:
SCHLOSS LEHSEN

Der giebelbekrönte Portikus ist ein von Palladio oft verwendetes Motiv: »Ich habe bei allen Villen und auch bei einigen Stadthäusern den Giebel auf der Fassade der Vorderseite, an der sich die Haupttüren befinden, angebracht, damit diese Giebel den Eingang des Hauses anzeigen und der Größe und Herrlichkeit des Werkes in der Weise dienen, daß sie den vorderen Teil eines Gebäudes über die restlichen Teile erheben.«[35] Das Schloß ist mittlerweile wieder sorgfältig restauriert. Leider sind in den Außenanlagen Zugeständnisse an den Zeitgeschmack gemacht worden, die die Würde der Anlage beeinträchtigen.

Der zweite Lillie-Bau, das Schloß **SCHÖNFELD** nahe Gadebusch, 1820 errichtet, trägt ebenfalls die Merkmale des Palladianismus. Eine Lindenallee führt auf den Säulenportikus der Hauptfassade zu. Das zweigeschossige Gebäude wird durch elf Fensterachsen gegliedert. Auch hier treten die drei des Einganges etwas zurück. Die nach Süden gerichtete Parkfassade erscheint noch schlichter. Betont wird die Gebäudemitte durch eine Attika in Form eines sehr flachen Giebels. Die Achsen der Mittelfront deuten nur noch flach eingezogen einen Mittelrisaliten an. Das Schloß liegt auf einer leichten Anhöhe. Den Park prägt die große, leicht abfallende Rasenfläche, die von Baumgruppen rhythmisch eingefaßt ist. **ABB. 61, 62**

Auch Schloß **LÜTGENHOF** bei Dassow wurde 1839 in palladianischem Stil erbaut. Lillie war bereits 1827 in Lübeck verstorben. Vermutlich stammt der Entwurf aber aus seinem Umfeld. Die Hoffassade zeugt von einem ausgeprägten Verständnis für proportionale Klarheit. Der Bau mit seinen zweieinhalb Geschossen und dem flachen Walmdach ist in neun Achsen gegliedert. Drei bilden einen flach vorgezogenen Mittelrisalit mit Giebeldreieck. Dem Eingang ist ein Altan, von vier Säulen gestützt, vorgelagert. Die angedeuteten Seitenrisalite erhalten eine eigene axiale Betonung und gesonderte Fensterformen. Der lagernde Eindruck des Gebäudes wird durch die Putznutung des Untergeschosses verstärkt. Die Seitenflügel sind später angefügt worden, der nördliche 1890 und der südliche nach 1990, als das Schloß zu einem Hotel umgebaut wurde. **ABB. 63, 64**

Die Gartenfassade ist noch zurückhaltender gegliedert. Durch das abfallende Gelände ergibt sich ein zusätzliches Halbgeschoß. Heute bildet wieder eine Terrasse den Übergang zum Landschaftspark mit altem Baumbestand. Zum Flüßchen Stepenitz fällt das Gelände leicht ab, dies gibt dem Park eine schöne Geländemodellierung.

Als 1789 Carl Theodor Severin als Assistent des Bauconducteurs Johann Christoff Heinrich von Sydewitz nach Mecklenburg kam, sollte ein an Palladio geschulter Architekt Mecklenburg zu einem Zentrum des norddeutschen Frühklassizismus machen. Severin hatte seine Ausbildung in Berlin erhalten, vermutlich bei Carl Gotthard Lang-

ABB. 13:
BAD DOBERAN,
GROSSHERZOG-
LICHES PALAIS,
GARTENFRONT

haus, dessen Formsprache sich bei ihm wiederfindet. Aber auch Einflüsse von David und Friedrich Gilly, Heinrich Gentz und Friedrich Wilhelm von Erdmannsdorff, dem für Dessau-Wörlitz zuständigen Baumeister, sind nachzuweisen. Nach 1800 bis zu seinem Tode 1836 war Severin der maßgebliche Architekt für den Ausbau der Sommerresidenz Doberan einschließlich dem Seebad Heiligendamm.

Zu seinen eindrucksvollen Gebäuden zählt neben dem Kurhaus in Heiligendamm (1814 bis 1816) das Großherzogliche Palais am Kamp zu DOBERAN, 1806 begonnen, jedoch erst 1822 fertiggestellt. Die zweigeschossige Platzfassade ist durch dreizehn Fensterachsen gegliedert. Die drei mittleren bilden den Haupteingang. Sie sind so weit zurückgesetzt, daß sie vier bis zum Gesims durchgehende ionische Säulen aufnehmen können. Der besondere Reiz der Fassade liegt in der reliefhaften Modellierung durch das Licht. Die Gartenfassade gleicht das abschüssige Gelände durch ein Sockelgeschoß aus. Das über fünf Achsen vortretende Halboval des Saals zentriert die Fassade, betont durch ionische Pilaster. Die flachen Eckrisalite unterbrechen den Rhythmus der Fensterachsen. Die ovale Form des Gartensaals ist ein beliebtes Motiv des Berliner Frühklassizismus. Langhaus verwendete es zum Beispiel am Belvedere im Park von Charlottenburg. Der kleine an die Klostermauer angrenzende englische Landschaftspark ist sorgfältig restauriert worden. Baumgruppen akzentuieren die Freiräume und beziehen die sich gleichsam hineinwölbende Fassade des Palais mit ein.

Neben seinen Aufgaben in Doberan und Heiligendamm war Severin als Landbaumeister auch für die Bauten im Amtsbereich Doberan und den angrenzenden Ämtern verantwortlich. Einige Gutshäuser lassen seinen Einfluß erkennen. Leider ist eines der schönsten in GLASHAGEN in den achtziger Jahren des 20. Jahrhunderts abgerissen worden. Das flachgelagerte, exakt proportionierte Landhaus öffnete sich über eine Terrasse einem kleinen englischen Park, der hochgelegen den Blick auf das Meer frei gab. Wiederhergestellt worden ist dagegen das Gutshaus ROSENHAGEN. Es stellt ein Beispiel für die Sorgfalt der proportionalen Fassadengliederung auch an kleineren Bauten dar.

Ebenfalls vom Berliner Frühklassizismus beeinflußt ist das um 1820 errichtete Gutshaus in BÜLOW beim Malchiner See. Vier toskanische Säulen mit Architrav und Dreiecksgiebel bilden den Mittelrisalit. Flache Seitenrisalite begrenzen den eingeschossigen Baukörper.

Schloß SCHORSSOW hingegen ist in seinem Kern eine dreiflügelige Barockanlage, die jedoch zwischen 1808 und 1812 im Stile des Berliner Frühklassizismus umgebaut wurde. Von der Fassade des Kernhauses ist die Untergeschoßgliederung des dreiachsigen Mittelrisalits der Eingangsfassade erhalten. Das Portal wird von einer Wappenkartusche im gesprengten Giebel bekrönt. Der Mittelrisalit ist aus der 13achsigen zweigeschossigen Fassade schwach vorgezogen und von vier Kolossalpilastern gegliedert, die ein Giebeldreieck stützen. Ein kräftiger Zahnfries umschließt diesen Giebel. Zum Garten hin öffnet sich die dreiflüglige Anlage. Schloß Schorssow liegt auf einer Insel in der Malchiner Seenlandschaft. Dadurch konnten großzügig Wasserflächen in den Landschaftspark einbezogen werden.

ABB. 14:
SCHLOSS SCHORSSOW;
UM 1930

ABB. 15:
BURG SCHLITZ;
UM 1860

ABB. 58 Die Schloßanlage **BURG SCHLITZ** entspricht mehr einer römischen Villa. Drei axial angeordnete, eigenständige, miteinander verklammerte Baukörper bilden eine großzügige Anlage. Der mittlere Teil ist durch den Eingang betont, flankiert von zwei ionischen Kolossalsäulen und einem turmartigen Aufbau, während die beiden seitlichen zweigeschossigen Gebäude als schlichte Kuben mit Walmdächern ausgebildet sind. Die ersten Vorschläge für das ungewöhnliche Gebäude machte 1806 der Berliner Archäologe Aloys Ludwig Hirt. Er hatte 1782 Italien bereist, war 1796 Mitglied der Akademie der Wissenschaften und der Akademie der Künste geworden und erhielt eine Professur an der Berliner Universität. 1809 veröffentlichte er seine erste Abhandlung über die antike Architektur.

Hirts Anregungen kamen jedoch nicht zur Ausführung. Die Grundzüge des ungewöhnlichen, an einem Steilhang gelegenen Baus stammen von Graf Schlitz selbst. Möglicherweise greifen sie römische Villenbauten auf. Die Ausführung übernahm Landesbaumeister Friedrich Adam Leiblin, der schon Hirts Vorschläge zeichnete. Die ersten Bauabschnitte wurden zwischen 1811 und 1816 fertiggestellt. Erst 1823 war das Schloß, auf das eine Lindenallee zuführt, vollendet.

ABB. 57–60 Der angrenzende Landschaftspark zieht sich über mehrere Hügel mit Höhenunterschieden bis zu 40 Metern hin. Er enthält freie Wiesenflächen, Teiche und Waldungen. Mit dem Parkwald umfaßte er 60 Hektar und ist damit einer der größten in Mecklenburg.

Vom Schloß und vom Park eröffnen sich weite Blicke in die Mecklenburger Schweiz. Diese großartige Einbindung der Anlage in die Landschaft erinnert an Palladios Beschreibung der Villa Rotonda: »Die Lage gehört zu den anmutigsten und erfreulichsten, die man finden kann. Das Haus liegt auf einem leicht zu besteigenden Hügel.« Von jeder Seite aus genieße man »wunderschöne Ausblicke [...], worunter einige die nahe Umgebung erfassen, andere wiederum weiter reichen und wieder andere erst am Horizont enden«.[36]

Der Garten sollte jedoch nicht nur »Ausblicke« in die Landschaft bieten, sondern auch »Einblicke« in die Seele. Eine neogotische Kapelle neben dem Schloß ist der erste derartige Ort innerer Einkehr. Durchwandert man den Park, kommt man an Gedenksteinen und Denkmälern vorbei – ursprünglich waren es 36 –, die an das Leben, die Liebe und das Sterben erinnern. Einige weisen belehrend auf die Geschichte hin, so auf die Befreiungskriege oder auf Persönlichkeiten wie Karl den Großen und Kaiser Maximilian. Auf dem Begrüßungsobelisken ist zu lesen: »Scandens Hospes Grate Urnae Huic Curam Tradas Exoptat H Comes Schlitz MDCCCXVI« (Gast, der Du hinaufsteigst, übergib dieser freundlichen Urne Deine Sorgen. Das wünscht Hans Graf Schlitz 1816).

ABB. 57, 60

Der berühmte Jugendstilbrunnen mit den drei ausgelassen tanzenden Nymphen von Walter Schoch entstand 1903, wurde aber erst 1930 im Park aufgestellt. Dennoch faßt er in wunderbarer Weise die Atmosphäre, die die Anlage ausstrahlt, zusammen.

ABB. 59

Romantische Träume

Stärker noch als die klassizistisch geprägten Schlösser und Herrenhäuser verbinden die neogotisch beeinflußten sich mit der Landschaft. Die freie Komposition unterschiedlicher Gebäudeteile ohne betonte axiale Symmetrie entspricht noch stärker dem Ineinanderfließen der Parkräume und den rhythmischen Staffelungen der Baumgruppen.

Symmetrie bedeutete in der Antike die Übereinstimmung der Teile mit dem Ganzen. In diesem Sinne sind auch die von der spiegelbildlichen Achse abweichenden Bauten »symmetrisch«. Nicht mehr an eine axial-geometrische Ordnung gebunden, können nun Terrassen, Balkone und Loggien die Übergänge zum Park in jeder gewünschten Weise schaffen. Wechselnde Blickbeziehungen zu einzelnen Gebäudegruppen und überraschende Spiegelungen auf Wasserflächen erschließen sich beim Gang durch die Anlagen. Ein ausgewogenes Spiel unterschiedlicher Größen und Entfernungen vermeidet das Gefühl der Willkür. Gerade der Eindruck des Geordnet-Zufälligen entspricht dem Natürlich-Gewachsenen der Landschaft. Das scheinbar Regellose schafft jene Lebendigkeit, die nur im ständigen Wechsel des Standortes vollständig erfahren wird. Raum und Zeit werden miteinander verflochten.

Hatte sich der Klassizismus zu einem allgemeingültigen Gesetz der Harmonie bekannt, galt für die Romantik die Harmonie des freien Spiels der Kräfte und der Phantasie. Was Novalis über den romantischen Dichter bemerkte, trifft sicher auch auf den romantischen Architekten und Gartengestalter zu: »Er haßt Regel, und feste Gestalt. Ein wildes, gewaltthätiges Leben herrscht in der Natur – Alles ist belebt. Kein Gesetz – Willkür und Wunder überall. Er ist bloß dynamisch.«[37]

Hegel hatte an der gotischen Baukunst des Mittelalters das Romantische verallgemeinert. Hier gewinne »erst die höchste Partikularisation, Zerstreuung und Mannigfältigkeit den vollsten Spielraum, ohne jedoch die Totalität zu bloßen Besonderheiten und zufälligen Einzelheiten zerfallen zu lassen«.[38]

Für Karl Friedrich Schinkel bestand kein sich ausschließender Gegensatz zwischen Klassik und Romantik. Nach seiner Englandreise 1826 häufen sich bei ihm die Entwürfe für Schloßbauten im spätgotischen Tudorstil. Schinkel hatte sich bei seinen Besichtigungen englischer Schlösser, zu denen das in Restaurierung befindliche Windsor Castle gehörte, überzeugen können, daß zeitgenössische Wohnbedürfnisse gerade

durch die differenzierten Raumaufteilungen in den Schloßbauten des 15. und 16. Jahrhunderts befriedigt werden konnten. So entstanden nach seiner Rückkehr die Schlösser Glienicke für Prinz Karl und Babelsberg für Prinz Wilhelm. Glienicke sollte durch die klassizistischen Bauten im südlichen Parkteil und den neogotischen im nördlichen die unterschiedlichen Gestaltungshaltungen Europas verbinden. Das Schloß Babelsberg wiederum geht von der Vision einer mittelalterlichen Burg aus.
Über seinen Schwager Johann Gottfried Steinmeyer hatte Schinkel Kontakte nach Vorpommern. Beide waren bei David Gilly in die Lehre gegangen und hatten in den Jahren 1803 bis 1805 gemeinsam eine Italienreise unternommen.

Als Architekt wurde Steinmeyer durch seine Arbeiten für den Fürsten Malte zu PUTBUS bekannt. Obwohl er sich weitgehend von Schinkel anregen ließ und mit ihm auch teilweise zusammenarbeitete, war er selbst so stark vom Berliner Klassizismus geprägt, daß er Putbus zu einem einheitlichen Architekturensemble machte. Zwischen 1808 und 1823 entstand eine klassizistische Residenz. Dem baufälligen alten Schloß wurde 1827 bis 1830 eine großen Halle auf einem Rustikasockel vorgestellt. Acht ionische Säulen trugen das Gebälk mit dem flachen Dreiecksgiebel. In den vierziger Jahren wurden weitere Bauten im Park nach Steinmeyers Ideen errichtet. Der ursprüngliche Entwurf der Orangerie stammt vermutlich von Schinkel. Auch beim Umbau des Theaters – die ersten Planungen stammen von Wilhelm Steinbach –, beim Pädagogium und den Bürgerhäusern am Circus ist die Einflußnahme Steinmeyers zu erkennen.

ABB. 51–55
ABB. 55
ABB. 52

Auf dem Tempelberg bei Binz steht, umgeben von Buchenwäldern, das ab 1836 nach Steinmeyers gotisierendem Entwurf errichtete romantische Jagdschloß GRANITZ. Der zweigeschossige verputzte Backsteinbau ist auf annähernd quadratischem Grundriß

ABB. 56

ABB. 16: SCHLOSS PUTBUS, IM HINTERGRUND DIE ORANGERIE; NACH 1830

ABB. 17:
SCHLOSS
HOHENDORF;
UM 1850

mit vier kleinen zinnenbekrönten Ecktürmen um einen Lichthof errichtet. Auffällig sind Übereinstimmungen mit Inverary Castle in Schottland, von dem Schinkel eine Tagebuchskizze während seiner Englandreise angefertigt hatte. Die gleichmäßige Gliederung der Fassade durch die jeweils sieben Achsen der Rundbogenfenster mit Maßwerk verleiht dem Schloß eine überzeugende Geschlossenheit. Der Lichthof erhielt auf Anregung Friedrich Wilhelms IV. 1844 einen von Schinkel entworfenen, 38 Meter hohen Mittelturm mit einer Aussichtsplattform. Dieser nimmt in größerem Maßstab das Motiv der Ecktürme wieder auf. Beachtenswert ist die Wendeltreppe, ausgeführt von der Berliner Eisengießerei Friedrich Anton Egells, ein frühes Beispiel filigraner Eisenarchitektur, zu der Schinkel gleichfalls während der Englandreise 1826 angeregt wurde.
Englanderfahrungen sind es auch, die das neogotische Schloß **HOHENDORF** bei Stralsund prägen, das nach Anregungen Schinkels um 1840 erbaut wurde. Zum Park hin öffnet sich das Gebäude mit zwei Seitenflügeln. Asymmetrisch angeordnete zinnenbekrönte Türme und Erker geben der Baugruppe eine spannungsvolle Ausgewogenheit. Dieses »offene« Prinzip hat nachhaltig auf die Schüler Schinkels gewirkt.

Nach dem Studium an der Bauakademie wurde Friedrich Hitzig zu einem der einflußreichsten Berliner Architekten der zweiten Hälfte des 19. Jahrhunderts. Seit 1875 war er Präsident der Königlichen Akademie der Künste. Er entwickelte einen neuen Typ des vornehmen Stadtpalastes, eingebunden in einen Park oder als strukturierendes Element einer Häuserreihe. Auch Schloßbauten und Herrenhäuser in Mecklenburg-Vorpommern gehören zu seinen beachtenswerten Leistungen. Mit den Schlössern

ABB. 18: SCHLOSS DWARSIEDEN; ZU BEGINN DES 20. JAHRHUNDERTS

Neetzow, Bredenfelde, Kartlow und Kittendorf führt Hitzig den romantisch geprägten Stil Schinkels weiter. In DWARSIEDEN bei Sassnitz entsteht in den Jahren 1873 bis 1875 ein zum Meer hin ausgerichteter prachtvoller Neorenaissance-Bau, der vom Ende der romantischen Periode und dem Beginn des Gründerjahr-Historismus nach dem Sieg über Frankreich 1871 zeugt. Dwarsieden zählte sicher heute noch zu den prachtvollsten Schlössern Vorpommerns, wäre es nicht, ohne Kriegszerstörungen aufzuweisen, 1948 gesprengt worden.
Erhalten geblieben sind die romantischen Schlösser Hitzigs. Zu den eindrucksvollsten gehört das von NEETZOW unweit von Anklam. 1850 bis 1851 wurde es in einem großen Landschaftspark errichtet. Alle Baugruppen sind asymmetrisch komponiert. Dem hohen Turm steht ein kleiner gegenüber, verbunden durch das hochgezogene

ABB. 69

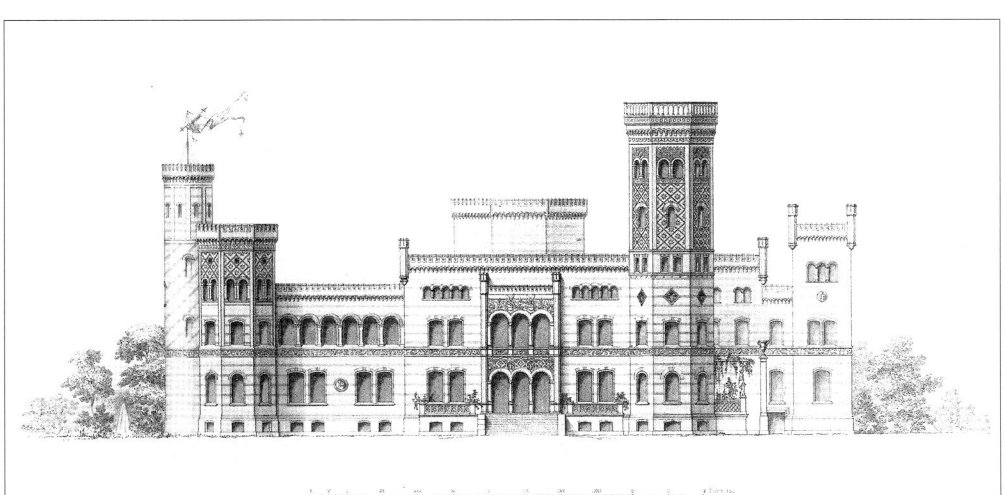

ABB. 19: AUFRISS VON SCHLOSS NEETZOW VON FRIEDRICH HITZIG

Oktogon der Halle. Die die Fassade gliedernden ornamentalen Terrakottafriese stammen von der Berliner Ofenfabrik Feilner, mit der schon Schinkel zusammengearbeitet hatte. Ein Dokument frühen Eisenbaus ist die sehr leicht wirkende verglaste Abdeckung der Vorhalle an der Gartenseite.

ABB. 20, S. 42: SCHLOSS KITTENDORF, UM 1930

Oft arbeitete Hitzig mit Lenné zusammen, wobei Gesamtkunstwerke von Schloß und Park entstanden sind. In Neetzow steht das Schloß auf dem höchsten Plateau eines zu einem Teich hin abfallenden Geländes über einer von Baumgruppen gefaßten Wiesenfläche. Der gebrannte Ziegel gibt zur umgebenden Landschaft einen wunderbaren farblichen Kontrast.

Ein Putzbau ist dagegen Schloß **KITTENDORF**, das nach dem Vorbild englischer Schlösser der Tudorgotik 1848 bis 1853 errichtet wurde. Die funktional und ästhetisch bedingte Asymmetrie wird durch einen oktogonalen Turm zusammengehalten. Eine Freitreppe verbindet die Südfassade mit dem Park, axial betont durch einen Balkonvorbau mit gesondertem Fensterrhythmus. Ein zinnenbekröntes Gesims faßt die Baugruppen zusammen. Einflüsse Lennés auf die Parkgestaltung können nur vermutet werden.

ABB. 70

In Bredenfelde und Kartlow bezog sich Hitzig stärker auf romantische Vorbilder in der kontinentalen mittelalterlichen Architektur.

Schloß **BREDENFELDE** wurde 1855 fertiggestellt. Auch hier ist der Gesamtbau »offen« gegliedert – durch einen runden und einen oktogonalen Turm mit unterschiedlichen Helmen. Sie erinnern an die Türme von Kirchen der frühen Gotik in Mitteleuropa. Der Bau ist verputzt und mit aufgetragenen Friesen sowie rechteckigen Fensterbekrönungen versehen. Der Park, der einen beachtenswerten Baumbestand besitzt, wurde von Lenné entworfen.

ABB. 21: SCHLOSS BREDENFELDE; ENTWURFSZEICHNUNG VON FRIEDRICH HITZIG

Schloß **KARTLOW** bei Demmin entstand von 1853 bis 1858. Hier sind am stärksten unterschiedliche Baukörper und -teile mit ebenso unterschiedlichen Dekorationsformen zu einer Gesamtwirkung zusammengefügt worden. Das Arbeiten mit diesen »Versatzstücken«, bei denen kaum ein Bauteil einem anderen gleicht, führt trotzdem zu einer solchen Geschlossenheit, daß man die Unterschiede erst beim genauen Betrachten wahrnimmt. Noch deutlicher als in Bredenfelde erinnern die Stufengiebel mit Fialen, die Fensterformen, teilweise mit wimpergartiger Fassung, und die Turmhelme an die Gotik Mitteleuropas.

Das Barockschloß **REMPLIN** bei Malchin, eine große Dreiflügelanlage, wurde von Hitzig 1865 bis 1866 umgebaut. Bereits 1851 lagen dafür die Pläne vor. Gleichzeitig begann Lenné mit der Umgestaltung der barocken Gartenanlage. Der acht Hektar große Park ist von geschwungenen Wegen durchzogen. Die Lindenalleen und die Wasserläufe, die um 1790 angelegt worden waren, hat Lenné in die neue Parkgestaltung einbezogen. Das Schloß brannte 1940 nieder, erhalten geblieben sind nur der nördliche Schloßflügel, der Torturm und der mittlerweile restaurierte Turm der 1810 erbauten Sternwarte.

Trotz gewisser Ausnahmen blieb die englische Spätgotik Vorbild für viele Schloßbauten und Herrenhäuser in Mecklenburg-Vorpommern. Das 1847 fertiggestellte Schloß **VARCHENTIN** südlich der Reuterstadt Stavenhagen, entworfen von dem in Hamburg tätigen Architekten Auguste de Meúron, ist dafür ein Beispiel. Die Baugruppe ist reich gegliedert und wird durch einen quadratischen Turm akzentuiert. Wieder faßt ein

**ABB. 22:
SCHLOSS REMPLIN
WENIGE JAHRE VOR
SEINER WEITGEHENDEN ZERSTÖRUNG**

ABB. 23: SCHLOSS VARCHENTIN; 1860

Zinnenkranz-Gesims die Baukörper zusammen. Bereits 1838 hatte Peter Joseph Lenné für Varchentin einen Parkplan mit einem Gewächshaus entworfen. Die weiträumige Anlage ist inzwischen stark zugewachsen und läßt die ursprüngliche Großzügigkeit nur noch erahnen. Bauherr von Varchentin war der Hamburger Bankier Gottlieb Jenisch, Mitglied jener Familie, die den Landschaftspark mit dem von Schinkel beeinflußten Schloß über dem Elbufer bei Blankenese anlegen ließ.

Auf dem Gelände einer mittelalterlichen Wasserburg steht östlich Ribnitz-Damgarten das neugotische Schloß **SCHLEMMIN**. Die asymmetrische Gebäudegliederung mit dominierendem, zinnenbekröntem Rundturm und Stufengiebeln, umgeben von einem Wallgraben, erinnert noch heute an eine Burg. Die Begeisterung für das Mittelalter, kennzeichnend für die Romantik, fand hier einen angestammten Ort. ABB. 67, 68
Schloß Schlemmin wurde 1846 von dem Berliner Architekten Eduard Knoblauch erbaut. Von Knoblauch stammt unter anderem der Entwurf der Berliner Synagoge in der Oranienburger Straße. In Schlemmin ist ihm einer der großartigsten romantischen Bauten in Mecklenburg-Vorpommern gelungen.
Das Schloß wird von einem 20 Hektar großen Parkgelände umgeben. Mit dessen Anlage wurde bereits im 18. Jahrhundert begonnen. Ein alter Bestand an Buchen und Eichen, Wasserläufe und Lindenalleen gliedern den weitläufigen Landschaftsgarten.

Zu den kleineren romantischen Schloß- und Parkanlagen in Mecklenburg-Vorpommern gehört **KALKHORST** bei Klütz. Von 1855 bis 1857 wurde der neogotische RÜCKTITEL

Backsteinbau errichtet, reich und asymmetrisch gegliedert durch Stufengiebel, Türmchen, Erker und Terrassen.
Einen geradezu märchenhaften Eindruck vermittelt der Park, der sich auf einer Fläche von acht Hektar ausdehnt und in verschiedene »Bilder« gefaßt ist. Sein Bezugspunkt ist der See. Durch das Dickicht erreicht man eine kleine Kapelle, gelangt zu einem Hohlweg und in einen aus Findlingen gestalteten Felsengarten. Kaum ein Park in Mecklenburg-Vorpommern weist eine solche Fülle an Eindrücken auf.

»In welchem Style sollen wir bauen?«

In welchem »Style« man bauen solle, diese Frage stellte sich der Frankfurter Architekturprofessor Heinrich Hübsch im Jahre 1828 – ein von Bauherren und Architekten immer wieder angesprochener grundsätzlicher Diskussionspunkt. Hübsch wollte die Architektur von den »Fesseln der Antike« befreien. Eine Berücksichtigung des vorhandenen Baumaterials und seiner statischen Eigenschaften ebenso wie aus dem Klima und der Kultur hervorgehende Bedürfnisse würden »die todte Nachahmung der Antike« überwinden.[39] Ein neuer Stil, so meinte Hübsch, entstünde aus der Tradition des Rundbogens und des Gewölbes und nicht aus der Säule und dem Architrav. Die Infragestellung der Antike machte den Weg frei für vielfältige Stiladaptationen. Karl Bötticher sah in seiner 1844 veröffentlichten TEKTONIK DER HELLENEN sogar im Prinzip der griechischen Architektur selbst die Rechtfertigung für eine Formvielfalt. Eine konstruktiv und funktional erforderliche »Kernform« sei mit immer wieder veränderten »Kunstformen« versehen worden. Da das konstruktive Gerüst nicht stilbildend sei, bedürfe es einer Umhüllung und ornamentalen Deutung, die sich nicht zwangsläufig aus dem konstruktiven und funktionalen Zweck ergäbe.[40]

Zweck und Bedeutung, funktionale Erfordernisse und repräsentativer Anspruch hatten ihre bindende Kraft verloren. Hinter dem Repräsentationsbedürfnis des Klassizismus hatte noch der Wunsch nach dem Ebenmaß der antiken Tempel gestanden, hinter dem der Tudorgotik der nach dem Camelot des König Arthus. In der zweiten Hälfte des 19. Jahrhunderts stellte die Architektursprache nicht mehr den Verweis auf tiefgreifende Inhalte dar, sondern war nun weitgehend von der unbekümmerten Freude an der Dekoration geprägt. Gottfried Semper zum Beispiel sah zwar die »Bekleidung« mit den Formen der Renaissance als Zeichen für ein neues bürgerliches Zeitalter, verbindliche Vorbilder waren sie jedoch nicht. Die Fülle der Musterbücher stellte nicht mehr den Zusammenhang zwischen Bau- und Ornamentform früherer Stilepochen her. Dadurch verbreitete sich ein unerschöpflicher »Formenschatz« als Vokabular für einen Zierat des Kleinteiligen. Gerade dies steht für die Faszination des Historismus, der den ornamentalen Reichtum immer wieder in seiner Zusammenstellung variierte. Es sind die geschickte Auswahl, die innere Stimmigkeit und die proportionale Verteilung, die den Gebäuden ihren Charme verleiht. Erst wenn man bei Restaurierungen »Bereinigungen« vornahm, wurde deutlich, daß alles, und

ABB. 24, S. 49: SCHLOSS SCHWERIN; UM 1930

sei es noch so skurril, seinen angemessenen Platz hatte, von dem es nicht weggenommen werden konnte.

Das betrifft auch eine große Zahl der Schlösser und Herrenhäuser, die in Mecklenburg-Vorpommern in dieser Phase errichtet wurden.

ABB. 76–78, 83

Zu den beeindruckendsten Bauleistungen der Zeit in Deutschland zählt das Schloß in SCHWERIN. Als der Neubau anstelle einer Renaissanceanlage auf der Schloßinsel von den Berliner Architekten Friedrich August Stüler und Johann Heinrich Strack im wesentlichen mit der Herausgabe der Festschrift im Jahre 1869 abgeschlossen war, fand ein langer Entscheidungsprozeß sein Ende, der immer wieder von der Frage nach dem Stil geprägt worden war.

Nach der Rückkehr des Hofes von Ludwigslust nach Schwerin im Jahre 1837 beabsichtigte Großherzog Paul Friedrich, ein neues Palaisgebäude unabhängig vom alten Schloß zu bauen. Sein Nachfolger, Friedrich Franz II., führte dieses Projekt jedoch nicht weiter, sondern plante ein neues Schloß auf dem Boden seiner Ahnen, der Insel im Schweriner See. Reste der Renaissanceanlage, erbaut unter Herzog Johann Albrecht I., sollten restauriert und um einen repräsentativen Anbau erweitert werden. Im Jahre 1842, dem Regierungsantritt von Friedrich Franz II., begannen die Planungsarbeiten unter Georg Adolph Demmler und Hermann Willebrand. Die Tudorgotik lieferte die Vorbilder – wie bereits bei dem fertiggestellten Arsenal am Pfaffenteich. Eine Verbindung mit dem bestehenden Renaissancebau erwies sich jedoch als kaum lösbar, waren doch die Proportionen und der Maßstab der Gliederung zu unterschiedlich. Friedrich Franz II. wollte bei einem erneuten Entwurf die Pläne von Ghert Evert Piloot einbeziehen lassen. Piloot hatte 1612 ein vollständig neues Schloß geplant, das jedoch durch den Dreißigjährigen Krieg nicht zur Ausführung gekommen war. Aber auch diese Umsetzung des »Formenschatzes« der niederländischen Renaissance führte zu keiner befriedigenden Lösung. Ohne maßstäbliche Differenzierung ergab die Wiederholung kleinteiliger Formen ungegliederte, große Baumassen. Demmler zeigte sich einer so vordergründig historisierenden Bauaufgabe nicht gewachsen.

Friedrich Wilhelm IV. von Preußen, Onkel des Großherzogs, empfahl daraufhin, Friedrich August Stüler mit der Aufgabe zu betrauen. Stüler, wie Demmler Schinkelschüler, hatte sich bereits in Berlin als erfolgreicher Architekt der Neorenaissance ausgewiesen. Nun orientierte er sich an der Johann-Albrecht-Renaissance der Reste des alten Schlosses und des Fürstenhofes in Wismar. Obwohl er wieder regionale Bezüge herstellte, kam es bei der Vorlage seines Entwurfes 1843 noch nicht zur Auftragserteilung. Demmler bevorzugte nämlich Gottfried Semper aus Dresden, den er nun für die Planung vorschlug. Sempers Entwurf von 1843 zeigt einen kräftig gegliederten Baukörper, der proportional überzeugend unterschiedliche Stilelemente der Renaissance

verwendet. Die Reste des alten Schlosses werden asymmetrisch durch einen Turm bewußt von der neuen Anlage getrennt, eine Lösung, die bei den folgenden Entwürfen beibehalten wird. Die Elemente der Johann-Albrecht-Renaissance, horizontal und vertikal gegliederte Staffelgiebel mit Segmentbogenbekrönung, sind mit Formen der französischen Loire-Schlösser kombiniert – gleichfalls Anregungen, die später weitergeführt werden sollten. Sempers Entwurf wurde allerdings verworfen, hatte er doch die begrenzten räumlichen Dimensionen der Schloßinsel nicht berücksichtigt.

Eine Studienreise, auf der neue Impulse für das Projekt gewonnen werden sollten, führte Demmler und Willebrand 1844 nach Süddeutschland, Frankreich und England. Nun wurde ein weiterer Entwurf, nach dem Vorbild der Loire-Schlösser Chambord und Blois, vorgelegt und als Grundlage für die Bauausführung bestimmt, die bereits begonnen hatte. Demmler konnte den Schloßbau jedoch nicht mehr vollenden. Wegen seines offenen Eintretens für die Ziele der Revolution von 1848 wurde er 1851 aus den großherzoglichen Diensten entlassen. August Stüler übernahm nun die Bauleitung und veränderte noch einmal den Ausführungsentwurf. Die Stadtansicht erhielt jetzt ihre monumentale Wirkung mit der Kuppel.

Als im Mai 1857 das Schloß endlich eingeweiht werden konnte, stand seine Entstehungsgeschichte zugleich für die des Historismus in ganz Mecklenburg-Vorpommern. Unsicherheiten und Irrwege hatten die Entwürfe begleitet, die letztlich zu dem Ergebnis führten, einen Renaissancebau des 19. Jahrhunderts zu errichten.

Die Gartenanlagen der Schloßinsel und den angrenzenden Park plante Peter Joseph Lenné, der 1840 Stüler nach Schwerin begleitet hatte. Die Ausführung und Modifizierung des Entwurfes übernahm der Schweriner Gartendirektor Theodor Klett. Für seine Verdienste in Schwerin und beim Park in Ludwigslust, dessen Umgestaltung Lenné 1842 übernahm, erhielt dieser den Titel Großherzoglich Mecklenburgischer Gartendirektor.

Wie auch bei anderen Planungen verband Lenné in Schwerin barocke und landschaftliche Ideen. Der südwestlich der Schloßinsel gelegene Barockpark, 1748 bis 1756 nach Plänen Jean Laurent Legeays angelegt, wurde dementsprechend nicht
ABB. 76 wesentlich verändert. Die Hauptachse des Schloßgartens, der Kreuzkanal, blieb mit ihren 14 Sandsteinfiguren von Balthasar Permoser und seiner Schule erhalten. Der ursprünglich als Kaskade gedachte Abschluß der Parkanlage konnte auch von Lenné nicht realisiert werden. Dafür wurde um das »Green House« ein Landschaftspark angelegt. Ein Höhenweg gibt weite Blicke auf den Schweriner See frei. Den landschaftlichen Hauptakzent setzte und setzt bis heute aber das Schloß. »Die Schönheit der Umgebung Schwerins ist bekannt. Innerhalb dieses reizenden Umkreises gibt es keinen Punkt, von welchem aus sich die Fülle und der Wechsel lieblicher Aussichten mit freiem Umblicke nach allen Richtungen erfassen liesse, als das großherzogliche Schloß.«[41]

ABB. 25:
SCHLOSS BASEDOW;
UM 1860

Betrachtet man das imposante Schloß **BASEDOW**, so glaubt man zunächst, der gesamte Bau sei im Stil der norddeutschen Renaissance des 16. Jahrhunderts errichtet. Jedoch nur noch wenige Bauteile aus dieser Zeit sind im Original erhalten. Unter Verwendung reicher dekorativer Elemente der Weser-Renaissance und von Terrakottamotiven – ähnlich wie in Gadebusch, am Fürstenhof in Wismar und am alten Schweriner Schloß – wurde das Schloß ab 1837 von Friedrich August Stüler erweitert. Nach einem Brand baute Albrecht Haupt, Architekt aus Hannover, den östlichen Flügel 1891 bis 1898 im gleichen Stil wieder auf. Dabei restaurierte er auch weitere Teile des Schlosses.

ABB. 71–73

ABB. 31

Die Gartenanlagen gestaltete Peter Joseph Lenné nach 1830. Sie zählen zu seinen bedeutendsten Schöpfungen. Die weiträumigen Wiesengärten, von Baumgruppen gegliedert, beziehen das Schloß ein. Ein Wasserlauf, der in einem großen Bogen den Park durchzieht und am Schloß sich zu einer kleinen Seenlandschaft weitet, gibt dem Park das Gerüst. Wege folgen und überqueren, Baumgruppen begleiten ihn. Der rote Backstein der Gebäudegruppe wiederum verbindet sich mit den wechselnden Farben der Landschaft.

ABB. 72

ABB. 73

Ebenfalls von Haupt wurde zwischen 1896 und 1898 Schloß **WILIGRAD** errichtet. Es sollte der letzte Auftrag des Schweriner Hofes für einen Schloßbau sein. Der Bauherr, Herzog Johann Albrecht, bezog sich dabei auf seinen großen Ahnen Herzog Johann Albrecht I., indem er im Dekor der Fassade an die in dessen Regierungszeit in der zweiten Hälfte des 16. Jahrhunderts errichteten Bauten erinnert. So entsprechen dem »Johann-Albrecht-Stil« die Renaissance-Stufengiebel und die Terrakottafriese.

ABB. 79, 80 In **GELBENSANDE** bei Rostock sollte für Friedrich Franz III. noch einmal ein Jagdschloß entstehen. Architekt war der von der Neogotik geprägte, in Doberan tätige Gotthilf Ludwig Möckel. Das Schloß, märchenhaft auf einer Lichtung im Buchenwald gelegen, wurde 1885 begonnen und 1887 bezogen. Möckel restaurierte in dieser Zeit das Doberaner Münster und war durch eine Reihe von Kirchenbauten in Sachsen und Berlin bekannt geworden. Wie an seinem eigenen Wohnhaus in Doberan werden auch in Gelbensande unterschiedliche Bauformen und Motive gemischt. Hier sind das Sockel- und Hauptgeschoß in rotem Klinker errichtet. Darüber entwickelt sich ein bizarrer Fachwerkbau mit Giebeln, Erkern, Altanen und Balkonen.

Möckel, aus dem Bauhandwerk hervorgegangen, beherrschte in hervorragender Weise die Details. Sie zeichnen sich durch bautechnische Solidität der Stein-, Holz-
ABB. 80 und Eisenarbeiten und ein überraschendes Zusammenspiel der Formen aus. Seine Vorbilder waren englische Cottages ebenso wie deutsche Bürgerhäuser. Selbst russische Elemente wurden verarbeitet, war doch die Herzogin Anastasia eine russische Großfürstin.

Von der alten Schloßanlage in **RALSWIEK** auf Rügen sind nur noch Reste vorhanden.
ABB. 29, 75 Das neue Schloß, ein prächtiger Neorenaissancebau, erhebt sich mit seiner Schaufront auf einer Anhöhe über dem Bodden. Errichtet wurde es von dem Berliner Architekten G. Stroh. Vorbild waren auch hier die Loire-Schlösser mit ihren runden Ecktürmen und Zwerchgiebeln. Der um 1800 angelegte englische Landschaftspark wurde im Zusammenhang mit dem Schloßumbau erweitert.

ABB. 82 Ein qualitätvoller neubarocker Bau ist das Schloß **GROSS PLASTEN** östlich von Waren. Das einst kleine, eingeschossiges Gutshaus aus der Mitte des 18. Jahrhunderts wurde um 1900 durch einen Anbau erweitert, der nun die gesamte Anlage dominiert. Das repräsentative, zweigeschossige Gebäude erinnert mit seinem hohen Mansarddach, dem breiten Mittelrisaliten mit Säulenaltan und der über die gesamte Front reichenden Seeterrasse an kleine französische Barockschlösser.

ABB. 65 In seiner ursprünglichen Form und Funktion ist der Gutshof **DALWITZ** aus dem 19. Jahrhundert erhalten geblieben. Um einen Hof gruppieren sich die Wirtschaftsgebäude, an seinem nördlichen Ende liegt das Gutshaus. Die Anlage ist von einem Landschaftspark umgeben. Über einen Wassergraben, der von einer früheren Burganlage stammt, führt eine Brücke, flankiert von zwei Skulpturen, die jeweils einen »Bassen«, einen Eber, darstellen, das Wappentier der Familie Bassewitz, denen Dalwitz gehört.

Als am Ausgang des 19. Jahrhunderts die Kritik an ständiger Nachahmung heftiger wurde und die Suche nach neuen, der Zeit entsprechenden Ausdrucksformen begann, entstand der Jugendstil. Für kurze Zeit gelang es Künstlern, einen heiteren, am Vege-

ABB. 26:
SCHLOSS
BLÜCHERHOF

tabilen orientierten Ornamentstil zu schaffen, der der Aufbruchstimmung der Jahrhundertwende gerecht werden sollte.

Neue Bauformen sind daraus bei den Schlössern und Herrenhäusern in Mecklenburg-Vorpommern nicht hervorgegangen. Rückgriffe auf einen gemäßigten Barock entsprachen offenbar eher den Wünschen nach raumgreifenden Schwüngen. Verschlungene Ornamente des Rokoko mischen sich allerdings bisweilen mit den Pflanzenformen des Jugendstils. Schloß BLÜCHERHOF, nordwestlich von Waren gelegen, ist dafür noch ein schönes Beispiel, auch wenn der ursprüngliche Zustand in den sechziger Jahren des 20. Jahrhunderts verändert wurde. Die Anlage wurde zu Beginn des Jahrhunderts auf dem Gelände eines alten Gutes für den Zoologen Prof. Dr. Alexander König von dem Berliner Architekten Gustav Holland erbaut. In dem großen angrenzenden Park legte König ein Arboretum mit etwa 150 Baumarten an, wobei der wissenschaftliche Aspekt und nicht ein ästhetischer im Vordergrund stand. Zeitzeugnisse von hoher Qualität sind die 1908 gefertigten eisernen Tore mit Stilelementen des Rokoko und der eiserne Baldachin über dem Eingangsrisalit. Eine außerordentlich filigrane, auskragende Eisenkonstruktion trägt die blütenförmige Glasabdeckung.

Die heiteren Formen des Jugendstils schienen allgemein bald für eine würdevollere Repräsentation ungeeignet. Ohne die gewonnene Vorliebe für die Wirkung großer Volumina und Flächen aufzugeben, überwog schnell wieder die barockisierende Moderne des Nachjugendstils. Angesichts einer gewissen Durchgängigkeit schwer wirkender plastischer Formen und ausholender Schwünge an zahlreichen Bauten der ersten 15 Jahre des 20. Jahrhunderts kann von einem eigenständigen Stil gesprochen werden.

Der Schwaaner Architekt Paul Korff gehört zu seinen qualitätvollsten Vertretern. Als Mitglied des Deutschen Werkbundes vertrat er, so Peter Behrens, einen »sinnlichen Zweckgedanken«. Neben Wohn-, Geschäfts- und Verwaltungsbauten schuf Korff eine Reihe von Schloß- und Gartenanlagen. In Vorpommern sind es Plath und Speck und in Mecklenburg Bellin, Hasenwinkel, Büttelkow, Wichmannsdorf und später Lehnenhof, die genannt werden müssen.

ABB. 81 Am überzeugendsten ist Paul Korff mit dem Schloß **HASENWINKEL** bei Warin und seiner großzügigen Formsprache die Einbindung in den vorgelagerten Gartenraum und den Landschaftspark gelungen. Zum letzten Mal wurde in seinen Entwürfen die Bauaufgabe Schloß und Park zu jener künstlerischen Synthese geführt, die über Jahrhunderte stilprägend gewesen war.

ABB. 66 Das Schloß **GÖHREN-LEBBIN** nahe Malchow wurde als eines der letzten in Mecklenburg-Vorpommern 1914 bis 1915 von einem Industriellen im Stile eines schlichten Neobarock erbaut. Ein hohes Mansarddach, ein Mittelrisalit mit geschweiftem Giebel und die in ungewöhnlicher Weise nur an einer Giebelseite angeordneten Doppeltürme prägen das Gebäude.

Mit dem Plan für den Berliner Tiergarten von 1840 hatte Lenné einen neuen Typus des Gartens geschaffen – den des großzügigen Stadtparks. Wallanlagen, die die Altstädte umgaben, wurden nun zu Parkanlagen umgestaltet. Rostock, Stralsund, Neubrandenburg und Greifswald sind dafür Beispiele in Mecklenburg-Vorpommern. Auch wenn die Badeorte am Meer ihre Attraktivität vor allem in den Seepromenaden besitzen, so sind in ihnen gleichfalls schöne Waldparke entstanden. Der Park ist als Aufgabe, gestaltete Landschaft und Architektur miteinander zu verbinden, bis in die Gegenwart eine künstlerische Herausforderung geblieben – unter geänderten Bedingungen und damit auch mit anderen Gestaltungsmitteln.

Schönheit und Vergänglichkeit

Gärten sind wie kaum ein anderes künstlerisches Genre in den natürlichen Kreislauf von Werden und Vergehen eingebunden. Ihr gegenwärtiger Zustand ist nur ein Augenblick in einem langen Prozeß, und ihr augenblickliches »Bild« nur die Momentaufnahme im Zyklus der Tages- und Jahreszeiten. Ihre Schönheit ist vergänglich und beständig zugleich wie das Licht und die Farben in ihrem Wandel. »Die freyen Stralen der Morgensonne sind schön; anmutig, wenn sie gebrochen durch die grünen Blätter einer Laube fallen. Das glühende Gold der Abendsonne am westlichen Himmel ist schön; anmutig der Widerschein, das Spiel des Lichtes, der dazwischen aufsteigende Duft, womit sie die Landschaft überstreut.«[42] Hirschfeld ermahnt den Gartenkünstler, die Wirkung der Farben des Gartens nicht nur aus der Nähe und vom gegenwärtigen Zeitpunkt zu beachten, »sondern auch welche sie in gewisser Entfernung, in dem Fortlauf der Jahreszeiten und selbst nach einigen Jahren haben werden«.[43] Der Landschaftsmaler kann eine bestimmte Situation festhalten, das Werk des Landschaftsgärtners ist ständigen Veränderungen unterworfen. Die Farben seines »Bildes« wandeln sich dauernd.

Aber gerade im ständigen Wechsel der Erscheinung und Stimmung liegt der besondere Reiz der Gartenkunst: »Sie giebt selbst ein längeres und dauerhafteres Vergnügen, als Statuen, Gemälde und Gebäude; denn ein Garten erhält durch den Fortgang des Wachstums, durch Veränderungen der Jahreszeiten und der Witterung, durch die Bewegung der Wolken und des Wassers, durch tausend kleine Zufälligkeiten bey Gegenden und Aussichten – immer eine Mannigfaltigkeit der Erscheinungen, die weder an Belustigung leer werden, noch ermüden.«[44] Mehr noch als in den kürzeren Zyklen der Tages- und Jahreszeiten verändern sich Gärten, von einer Generation kaum wahrgenommen, über die Jahrhunderte. Ihre Gründer werden bei der Anlage an ihre Kinder und Enkel gedacht haben. Sie konnten noch nicht die räumliche Geschlossenheit erleben und die Wirkung der künftigen stattlichen Baumgruppen nur erahnen. Den Schatten der von ihnen gepflanzten Alleen haben sie noch nicht genossen. Einst werden auch diese Alleebäume altersschwach im Sturm zusammenbrechen und dann hoffentlich neu gepflanzt. Gärten bedürfen der ständigen Pflege und Verjüngung. Geschieht dies nicht, werden sie wieder in jenen ursprünglichen Zustand zurückgeholt, aus dem sie der Landschaftsgärtner einst herausgelöst hat.

ABB. 27:
UM 1930 WAR
SCHLOSS
ULRICHSHUSEN FAST
ZUGEWUCHERT.
VERGLEICHE DAZU
ABB. 32

Ein malerischer Garten vermag in Würde zu altern, ein architektonischer verfällt, sobald die Pflege nachläßt. In jedem Falle hat die Natur die Mittel für die Gestaltung nur auf Zeit verliehen.

Weit mehr jedoch als der natürliche Verfall haben Katastrophen die Gärten und Schlösser heimgesucht.
Schon in der ersten geschlossenen Darlegung über die Schlösser und Herrenhäuser in Mecklenburg beklagen sich die Autoren Georg Christian Friedrich Lisch und Friedrich Wedemeier über Verluste, die durch Kriege und Feuerstürme zu verzeichnen seien.[45] Wobei es eine einigermaßen lückenlose Bestandsaufnahme der Gebäude nie gegeben hat. Die Inventarbände für Mecklenburg-Schwerin und Mecklenburg-Strelitz verzeichnen nur die Residenzen und einige ältere Schlösser. Leider ist in der Reihe der Bau- und Kunstdenkmale in der DDR, herausgegeben vom Institut für Denkmalpflege, 1990 nur noch der Band MECKLENBURGISCHE KÜSTENREGION erschienen. Jürgen Brand hatte 1925 eine erste kunstgeschichtliche Untersuchung über ALT-MECKLENBURGISCHE SCHLÖSSER UND HERRENSITZE herausgegeben.[46] Der reich illustrierte Band macht die später eingetretenen Verluste deutlich.
Schlösser und Gärten entstanden häufig im Umfeld sozialer Spannungen. Viele wurden nach 1945 als vermeintliche Symbole der Unterdrückung beseitigt, andere dem Verfall preisgegeben. Umnutzungen nach der Enteignung ihrer ehemaligen Besitzer in Schulen, Heime, Büros, Läden und Wohnungen haben nicht immer zu einem sorgfältigen Umgang geführt. Sicher nicht in allen Fällen beabsichtigt wurde auf diese

Weise aber oft der Bestand gerettet. Trotzdem waren weiterhin Verluste zu verzeichnen. Anlagen, die Josef Adamiak 1975 noch in intaktem Zustand sah, verfielen in nachfolgenden Jahren.[47] Erst die Umwandlung einiger bedeutender Bauten in Museen und die Pflege ihrer Parks hat wertvolles Kulturgut erhalten. Als nach 1990 die bisherigen Nutzer die Gebäude verließen, drohte erneuter Verfall. Ehemalige Eigentümer nahmen die Schlösser und Herrenhäuser nur zum Teil wieder in ihren Besitz. Verkäufe erweisen und erwiesen sich als schwierig angesichts der hohen Aufwendungen für die Renovierung und der Unsicherheiten für eine künftige Nutzung.

ABB. 28:
1980 BOT SCHLOSS ULRICHSHUSEN EINEN RUINÖSEN ANBLICK. DER HEUTIGE ZUSTAND DAGEGEN IST AUF ABB. 33 ZU SEHEN.

Dennoch ist es erfreulich, daß die Zahl der restaurierten Schlösser, Herrenhäuser und Parks von Jahr zu Jahr wächst. Von den rund 2000 größeren und kleineren Anlagen in Mecklenburg-Vorpommern werden mittlerweile über 250 touristisch genutzt und somit vielen Gästen erschlossen. Die wesentlichsten sind in einem ausführlichen dreibändigen Kompendium von Neidhardt Krauß und Egon Fischer zusammengefaßt.[48]

Die Zahl der Besucher der Schlösser und Gärten, die darin nicht nur geschichtliche Zeugnisse betrachten, sondern Schloß und Garten wieder als ein Sehnsuchtsbild in einer bedrohten Welt erleben, wächst ständig. Den Erhalt der Parke unterstützt die Landesregierung seit 1995 mit einem Projekt, das gegenwärtig fünf Modell-Anlagen umfaßt: den Park in Ulrichshusen, den Landschaftspark Putbus, die Stralsunder Wallanlagen, den Gutspark Gützkow und den Schloßpark Remplin.

ABB. 32, 51–55

»Landhäuser und Gärten«, so abschließend noch einmal Christian Cay Lorenz Hirschfeld, »sind Zeugen des öffentlichen Geschmacks, die niemals der Politik gleichgültig seyen sollen, nicht so wohl, weil von ihrer Beschaffenheit ein Theil der Achtung oder des Tadels für eine Nation abhängt, als vielmehr, weil auch diese Gegenstände eine sittliche Gewalt über die Gemüther der Bürger haben.«[49]

Literaturangaben

(1) Thomas Nugent: REISEN DURCH DEUTSCHLAND UND VORZÜGLICH DURCH MECKLENBURG. Berlin/Stettin 1781; neu herausgegeben: Schwerin 1998, S.330

(2) Apuleius: AMOR UND PSYCHE. Leipzig 1987, S. 15

(3) Quintus Horatius Flaccus: WERKE. Leipzig 1984, S. 121

(4) Christian Cay Lorenz Hirschfeld: THEORIE DER GARTENKUNST, Bd. 1. Leipzig 1779, S. 120

(5) Hirschfeld, Bd. 1. S. 137

(6) Christian Cay Lorenz Hirschfeld: THEORIE DER GARTENKUNST, Bd. 5. Leipzig 1785, S. 25

(7) Hirschfeld, Bd. 1. S. 185

(8) Matthias Barth: MECKLENBURGISCHE RESIDENZEN. Leipzig 1995, S. 19

(9) Nugent, S. 143

(10) Marie Luise Gothein: GESCHICHTE DER GARTENKUNST, Bd. 2. Jena 1926, S. 191

(11) Nugent, S. 175f.

(12) Theodor Fontane: WANDERUNGEN DURCH DIE MARK BRANDENBURG. Bd. 1. Berlin/Weimar 1980, S. 553

(13) Barth, S. 39. Vergleiche darin auch die Ausführungen zu Neustrelitz

(14) Nugent, S. 330f.

(15) Jürgen Brandt: ALT-MECKLENBURGISCHE SCHLÖSSER UND HERRENSITZE. Berlin 1925, S. 23

(16) Hirschfeld, Bd. 5. S.115f.

(17) Erhard Hirsch: ELYSISCHE FELDER; in: DER DESSAU-WÖRLITZER KULTURKREIS. Wörlitz 1965, S. 124f.

(18) Gothein, S. 367

(19) Anthony Ashley Cooper Shaftesbury, THE MORALISTS; in:Gothein, S. 367

(20) Gothein, S.367

(21) Hermann Bauer: IDEE UND ENTSTEHUNG DES LANDSCHAFTSGARTENS IN ENGLAND; in: INSZENIERTE NATUR, LANDSCHAFTSKUNST IM 19. UND 20. JAHRHUNDERT. Stuttgart 1997, S. 21

(22) Jean-Jacques Rousseau: ÉMILE ODER ÜBER DIE ERZIEHUNG. In der Zusammenfassung von Stephan Zweig. Potsdam 1919, S. 213

(23) Hirschfeld, Bd. 1. S. 117–144

(24) Hirschfeld, Bd. 1. S. 119

(25) Hirschfeld, Bd. 1. S. 127

(26) Hirschfeld, Bd. 1. S. 137

(27) Hirschfeld, Bd. 1. S. 146

(28) Hirschfeld, Bd. 1. S. 138f.

(29) Friedrich Wilhelm Joseph Schelling: ÜBER DAS VERHÄLTNIS DER BILDENDEN KÜNSTE ZUR NATUR. Festrede vor der königlichen Akademie der Wissenschaften zu München 1807. Leipzig o.J., S. 53

(30) Georg Wilhelm Friedrich Hegel: ÄSTHETIK. Berlin und Weimar 1984; nach der zweiten Ausgabe Heinrich Gustav Hothos. Potsdam 1842, Bd. 2, S. 85

(31) Hirschfeld, Bd. 1. S. 145

(32) Hegel, S. 85

(33) Hirschfeld, Bd. 1. S. 154

(34) Hegel, S. 50

(35) Andrea Palladio: DIE VIER BÜCHER ZUR ARCHITEKTUR. Zürich 1983, S. 190

(36) Palladio, S. 132

(37) Novalis: LOGOLOGISCHE FRAGMENTE; in: Novalis: DICHTUNGEN UND FRAGMENTE. Leipzig 1989, S. 369

(38) Hegel, S. 72

(39) Heinrich Hübsch: IN WELCHEM STYLE SOLLEN WIR BAUEN? Karlsruhe 1828, S.1ff.

(40) Karl Bötticher: DIE TEKTONIK DER HELLENEN, Bd. 1. Potsdam 1844, S. 4 und S. 8

(41) Georg Christian Friedrich Lisch/Friedrich Wedemeier: ALBUM MECKLENBURGISCHER SCHLÖSSER UND LANDGÜTER. Leipzig/Schwerin/Neustrelitz, o.J. [1860–1862], o.S.

(42) Hirschfeld, Bd. 1. S. 175

(43) Hirschfeld, Bd. 1. S. 171

(44) Hirschfeld, Bd. 1. S. 157

(45) Lisch/Wedemeier, o.S.

(46) Jürgen Brand: ALT-MECKLENBURGISCHE SCHLÖSSER UND HERRENSITZE. Berlin 1925

(47) Josef Adamiak: SCHLÖSSER UND GÄRTEN IN MECKLENBURG. Leipzig 1975

(48) Neidhardt Krauß/Egon Fischer: SCHLÖSSER, GUTSHÄUSER UND PARKS IN MECKLENBURG-VORPOMMERN. Rostock 2002

(49) Hirschfeld, Bd. 1. S. 157

ABB. 29: SCHLOSS RALSWIEK

DOE
DIE
&
Café

ABB. 32 UND 33: SCHLOSS ULRICHSHUSEN

ABB. 34: KLOSTERMAUER UND RUINE VON SCHLOSS DARGUN

ABB. 35: DARGUN, GELBES TOR UND SCHLOSS

ABB. 36, SEITEN 68/69: SCHLOSS GÜSTROW

ABB. 37, SEITEN 70/71: SCHLOSS BOLDEVITZ

ABB. 40: LINDENALLEE IM PARK VON SCHLOSS BOTHMER

ABB. 41: GIRLANDENBÄUME BEI SCHLOSS BOTHMER

 ABB. 49: NEUSTRELITZ, ORANGERIE

ABB. 50: NEUSTRELITZ, SCHLOSSPARK MIT DEM RUNDTEMPEL DER HEBE

ABB. 53: BÄRLAUCHWIESE IM SCHLOSSPARK PUTBUS

ABB. 54: KASTANIENALLEE IM SCHLOSSPARK PUTBUS

ABB. 55: ORANGERIE IM SCHLOSSPARK PUTBUS

ABB. 56: JAGDSCHLOSS GRANITZ

 ABB. 57: LANDSCHAFTSPARK BURG SCHLITZ

ABB. 58: BLICK AUF BURG SCHLITZ

ABB. 59: NYMPHENBRUNNEN IM PARK ZU BURG SCHLITZ

ABB. 60: IM LANDSCHAFTSPARK BURG SCHLITZ

ABB. 61: GUTSHAUS SCHÖNFELD, GARTENSEITE

ABB. 62: GUTSHAUS SCHÖNFELD

 ABB. 63: ZUFAHRT ZU SCHLOSS LÜTGENHOF

ABB. 64: SCHLOSS LÜTGENHOF

ABB. 65: SCHLOSS DALWITZ

ABB. 66: GÖHREN-LEBBIN, SCHLOSS BLÜCHER

 ABB. 67 UND 68: SCHLOSS SCHLEMMIN

 ABB. 69: SCHLOSS NEETZOW

ABB. 70: SCHLOSS KITTENDORF

ABB. 71, SEITEN 106/107: SCHLOSS BASEDOW

 ABB. 72 UND 73: SCHLOSSPARK BASEDOW

ABB. 75: SCHLOSS RALSWIEK

ABB. 76, SEITEN 112/113: BLICK ÜBER DEN PARK MIT DEM KREUZKANAL AUF SCHLOSS SCHWERIN

ABB. 74: SCHLOSS KLINK

ABB. 77: ORANGERIE AM SCHWERINER SCHLOSS

ABB. 78: SCHLOSSPARK SCHWERIN

ABB. 79 UND 80: JAGDSCHLOSS GELBENSANDE

ABB. 81: SCHLOSS HASENWINKEL

ABB. 82: GROSS PLASTEN ABB. 83, SEITE 120: LAUBENGANG IM SCHLOSSPARK SCHWERIN